ホリスティック ヒーリング

〜 最強の治療法は あなたの中にある 〜

平田（竹内）進一郎

ブックウェイ

In Memory of My Mentor,

Rev. Bhakthi Harada

感 謝

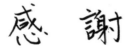

はじめに

ＨＥＡＬ「奇跡の治癒力」（二〇一七年制作米国ドキュメンタリー映画）に登場するアメリカ在住スピリチュアルヒーラーの言葉を引用すれば、「すべては、神の力によるものであり、神は、私を力の媒体として、治療を施している……」

私は、この文言を34年前に、有名なフィリピンの心霊治療家の設立したヒーリングセンターで聞いたのです。

当時の私の心境は、「神様の存在は、否定はしたくないけど、そんなことが現実にあるのかよ……」です。

いま、スピリチュアルと称される「見えない世界」と科学の統合によって、精神世界と物質世界が近づき、そのバランスが、重要視される時代になってきました。

それは、紛れもなく「心（意識）のあり方」に焦点をあてる必要があることを意味しています。意識とは、「スピリチュアル＝魂＝あなたの本質」と理解すれば、その重要性に気づくはずです。

その心（意識）の介在を無視して、医学、栄養学を語ることはできなくなってきました。

専門的な知識を持たなくても、自分の健康や病気の快復、そして予防のために、心（意識）に目を向けて、日々暮らす必要があります。

そのような時代背景の中、欧米では、心と体のつながりについて、一般人でも分かりやすく理解できるような試みが、多方面で行われています。

さて、映画ＨＥＡＬ「奇跡の治癒力」（日本サブタイトル）をすでにご覧になった方、又は、これからのご覧になる方が、本書を通じて、より映画の理解を深めると共に、ホリスティックヒーリング（全人的治癒）という心と体の両方の治癒にこそ、奇跡の治癒力が宿ることを知って頂きたく、本書を執筆することにいたします。

先ず、私と本映画との出会いは、二〇一七年十月初旬、偶然にも、昔から良く知っているホリスティック系のスペシャリストのメールを受信して、彼のサイトにアクセスしたことから始まりました。

そのサイトには、ＨＥＡＬ（ヒール）と命名された最新のドキュメンタリー映画のプレミア上映会が、近く米国サンタモニカで開催されるという記事が載っていました。

さらに、サイトには、本映画の予告編があり、それを視聴したところ、ホリスティック教育の根幹である、心・霊・体の三つの重要性を伝えている映画に違いないというイメージを強く感じたのです。

偶然にも、東京では、菜食主義の健康法を提唱されるコリン・キャンベル博士の来日講演会が、開催された日であり、その会に参加した日の夜、この映画を見るために、米国に向けて出発致しました。二〇一七年十月二二日(日)のことです。

私が、わざわざアメリカまで出向いた理由は、映画を見たいだけではありませんでした。

この映画を見た一般のアメリカ人の反応について、自らで体験したかったのです。滞在中、三回劇場に通いましたが、どの回も大変盛況であり、彼らの関心の深さを実感したことは言うまでもありません。

日本でも、近い将来、この分野に多くの人が関心を寄せる時代が来なくてはならないと痛感し、本映画の日本上映会開催の思いが募りました。

本映画は、「すべては、心からはじまる」という台詞から始まりました。

私たちは、物の見方、信念、感情を変えることにより、あらゆる疾病を自らが、治す力を備えていることを認識させるものです。

私たちの多くは、思考が優先的に働いている日常生活で生きていて、心のような見えない世界でも、頭で理解しようとする傾向があります。

この映画の特筆すべき点は、量子物理学という科学的な視点と、スピリチュアルという視点の両方で描写していることです。

恐怖心をあおって、何かに気づかせるような映画ではなく、西洋医療の良し悪しや、栄養療法の良し悪しという○×の比較視点でもなく、どのようなアプローチであっても、必ず「心、先にありき」という点が、様々な専門家によって語られています。

それは、決して複雑なことではなく、読者が日々感じる「良い気持ちの時と悪い気持ちの時」について、体は、どのような影響を受けているか知っていただきたい内容です。

日々の暮らしの中で、私たちは、何かを感じ、何かを考え、何かの決断から行動を起こしたり、起こさなかったりすることで、ある種の出来事（結果）が生まれています。

そして、その出来事（結果）について、自分がどのように受け止めたかにより、感情や思考が変わります。つまり、出来事（結果）が、自分にとって快適なものと受け止めていれば、喜びや楽しみ、感謝、感動という感情になります。その反対に、自分にとって不快なものと受け止めていれば、悲しみや恐怖、怒り、恨みという感情になります。

この単純なメカニズムについて、意識しているか、していないかに関わらず、人生とは、この繰り返しで成り立っていることがわかります。

「そんなことは、当たり前だよ」と、言われるかもしれません。

しかし、この「快」と「不快」のたった2つのエモーション（特定の感情を作る前段階）のスイッチが、右に振れるか、左に振れるかで、私たちの体に、様々な化学物質を作り出し、全身的な健康問題の引き金になっていくことをご存知でしたか。

この極めて大切な、心と体の生理学的な繋がりについて、本映画ＨＥＡＬ「奇跡の治癒力」は、欧米で謳われている「ホリスティック教育」を根幹として描写しています。

ホリスティックとは、「全体的な」という語源から、医学、栄養学をはじめ、人の健康は、「心・霊・体」（マインド・スピリット・ボディ）の全てを総括的な観点で、論じなければ成り立たないというものです。

さらに分かりやすく言えば、「物心両面の調和」を目指すことを重要視する健康概念と言えるでしょう。

そして、ＷＨＯ（世界保健機関）でも、すでに「健康」について次のように定義しています。

「健康とは、病気ではないとか、弱っていないということではなく、肉体的にも、精神的にも、そして社会的にも、すべてが満たされた状態にあることをいいます。」

このＷＨＯの健康定義である肉体的、精神的、社会的とは、全体的なバランスを意味し、物心両面を見据えたホリスティックな考え方に、相通じるものがあります。

では初めに、私の自己紹介もかねて、ホリスティック教育に至るまでの経緯について、お話したいと思います。

Contents

ホリスティックヒーリング（全人的治癒）は、心に平安をもたらすもの

あとがき

第一章

何故いま、ホリスティック教育が注目されるのか

心・霊・体（マインド・スピリット・ボディ）の概念との出会い

一九八四年四月、二四歳の誕生日を迎えるころ、私は、フィリピン北部の高地にあるヒーリングセンター（下写真：宿泊施設が併設）に行く機会に恵まれました。

そこでは、信仰療法（フェイスヒーリング）、又は心霊治療（スピリチュアルヒーリング）と呼ばれる、一見聞くと、何か「胡散臭い」イメージを持たれる人知を超越した治療を行っているところでした。

この地は、当時、世界的に有名なスピリチュ

アルヒーラーである、故トニー・アグパウア先生が、心霊治療を行っている宿泊型の施設で、全盛期には、世界各国から、病める人々が治療に訪れていました。

私が、初めてこの地を訪れた時には、すでに、トニー先生は亡くなっていましたが、彼の友人であり、後継のメリカド・ジョー先生による豪快なヒーリングが行われていたのです。

そのヒーリングセッションは、早朝六時頃から始まり、九時頃には、終了します。早朝に行う理由は、まだ静寂であり、自然の波動が穏やかな時間帯の方が、効率が良いからです。

そして、スピリチュアルヒーラーは、セッションの約二時間前から、瞑想に入り、神への感謝とヒーリングの成功を祈ります。

私の受けたヒーリングは、ヒーラーが皮膚の上を揉むようにすると、鮮血がはしり、毛穴からどす黒い物質が、ヒーラーの指先に吸いつくように現れてきます。

時には、肉片のような今まで見たことのない物質が、自分の目の前に出されるのです。

当時、二四歳の私は、どうしても、その現象が信じられず、何度も、何度も、他人のセッションの時を見計らい、ヒーラーの指や手を凝視し、仕掛けがないか疑いの目で見ていたことを記憶しています。

その思いが、ヒーラーに通じたのか、「何もないよ」と言わんばかりに、手のひらをお腹にのせて、いきなり大きな塊を取り出したことを、何度も目撃しました。

とても信じがたい話ですが、体験した私には、信じる選択しかありませんでした。

「百聞は一見にしかず」。聞いた話だけでは、信じられない方もいると思います。

一九八〇年代、フィリピンの心霊治療は、偽物も多く、肉片を見せては、「これがが
ん細胞です」「病巣を取りました」などと言って、患者を騙していることがマスコミで
も取り沙汰されました。

故トニー・アグパウア先生の世界的な評判に、便乗している輩（やから）も数多く
いたのは事実です。

私の受けたヒーリングでは、体の中から出てきた物質を次のように説明してい
ます。

「皮膚の上を揉むように、ヒーラーが触れると、患者の中にあるマイナス意識が、集
まってきます。そのマイナス意識を体の表面につまみ出すと、物質化される」

ですから、一般的に言う、がん病巣や、体の器質的に異変のある部位を取り除いて
いることではありません。

このことは、心霊治療を正しく理解する上で、極めて大切なことになります。

「病は気から」という表現のとおり、病気の多くは、肉体が病むということだけでなく、同時に「心（意識）のあり方」にも焦点をあてる必要があることを意味します。体の中のマイナス意識は、私たちの細胞に、良くないメッセージを送ることで、何らかの病的な症状が引き起こされるのです。

このヒーリングセンターで学んだことは、病気の七五％は、心の問題から始まるということです。次いで、二〇％は、生活習慣（食事・睡眠・運動）と環境問題にあり、五％は、霊的なものに起因します。

このように見ると、食事の選択や、環境問題ですら、大元は、「心」に繋がっているので、すべては心が影響することがわかります。

「心のあり様が、あなた自身の体（あなたの細胞）に、良きも悪しきも、何らかのメッセージを送っています」

心と体の連動について学んだことや、フィリピンで体験したヒーリングは、私にとって衝撃的、且つ、人生を変えると言っても大げさではない出来事になりました。その後、当地へ何度も出向き、精神世界の学びを探求していったのです。

精神世界（見えない世界）をどのように伝えるのか

精神世界（見えない世界）や、物心両面の調和の重要性を証し、第三者に、伝えていくには、古今東西、三つのアプローチがあると言われます。

一つ目は、〝現証〟（げんしょう）と言われるものです。

現証は、フィリピンのヒーラーが起こす超常的なヒーリングや、あたかも神の御業のような出来事が、実際に現れてくるものです。

古くは、「モーゼの十戒」に登場する「海を切り裂き、民を導き、追ってくるエジプト軍を海の深くに沈めた」という話が、正に現証を物語っています。

このような出来事を自分自身が体験したのであれば、信じざるを得ないことでしょう。

二つ目は、〝文証〟（ぶんしょう）という言葉で説明できる不退転の証しです。お寺の住職や、特定の宗教家、伝道者等の「人の道を説く」説法は、心に響くものがあります。特定の宗教の教えも、話している内容だけでなく、説法者の言霊（ことだま）＝エネルギーによって、癒されたり、感動したりすることもあるでしょう。

古くは、ブッダの説法、また、イエス・キリストは、病める人を瞬時に治す（現証）と、愛を説く（文証）の二刀流と言えます。

最後の三つ目が、精神世界という見えない世界を理論づける〝理証〟（りしょう）と呼ばれるものです。

この理証は、最も難しいですが、昨今ホリスティック教育という概念が生まれたことで、私たちの体内メッセンジャー役になっている化学伝達物質（ホルモン、ペプチド等）の発見により、心の影響が科学的な視点で、生理機能に影響することが分かってきました。

正に科学とスピリットの融合によって、精神世界が、説明できるようになった時代と言っても過言ではありません。

しかし、当の私自身も、ホリスティック栄養学に出会うまでは、この手の話を下手にすると、胡散臭く聞こえることもあるので、どのように話すのか、いつも悩んでいました。

結果的には、よほど精神世界や、霊的な話の好きな人を対象にする以外は、多くの人には語らない方が、無難だと思っていたのです。

心と体の健康の大切さが、ホリスティック概念でつながった

一九九八年、私の中で、その扉が開かれました。

酵素という体内の化学反応を担う物質を知り、栄養生化学に出会ったからです。

従来の栄養学とは異なり、ホリスティック栄養学と命名された生化学の知識は、明らかに、心と体をつなげる理論がありました。

正直に、その時の気持ちと言うと、「ついにスピリチュアルヒーリングが、量子物理学を通して説明できるぞ。究極の〝理証〟が、ホリスティック健康概念だ」でした。

では、何故、栄養学から始まったのか。
それは、パントテン酸の発見者：ロジャー・ウィリアムス博士の言葉を引用します。

「私たちの体（細胞）は、食べたもので作られる」からです。

そして、病気とは、私たちの細胞が何らかの原因で、適切な活動をしなくなった状態から始まります。

ですから、食べ物に目を向けて、食事を改善させる栄養療法は、大変有効であることが、映画の中でも語られています。

私が、初めにホリスティック栄養学を学んだ理由は、自分の肉体（細胞）が、栄養という営みを通して、どのような恩恵を受けているのか知ることで、肉体（細胞）をケアーする必要性のモチベーションが高まるからです。

それまでは、長きにわたり、自分なりに「心の世界」について、学んできました。

しかし、体があっての「心」だし、「心」があっての体だと思うようになったからです。

以上が、私がホリスティック教育に目を向けるようになった経緯になります。

あなたは、心（意識）と体（細胞）の二つから成り立っている

体とは何でしょうか。それは、六〇兆から百兆あると言われる「細胞」のことです。

ここからは、「細胞＝体」という二つ言葉を使い分けます。


心の世界の関心に加えて、体に興味を抱くことで、次のように思いました。

「なるほど、人が毎日食事をして、栄養素を獲得する理由は、自分の体（細胞）が、適切な時に、適切な量の栄養素を受け取ることで、彼ら（細胞）の適切なパフォーマンスのためなのだ。細胞一つ一つが、其々の役割を全うすることで、私たちの体が、最適に

機能していることになる」

専門家にならなくても、細胞にとって良いことを学ぶ視点で、食や栄養学に関心を持てれば、誰もが、自分の細胞に対して、適切な栄養補給を心掛け、体内解毒や血液循環のために良いとされること（運動、体を温める等）などを行うことの大切さが分かります。

細胞は、無口なパートナー

人の性格でも、比較的無口な人がいます。

あまり自分の意見や意思を言わずに、相手にいつも合わせてくれる人のことです。

私の周りにも、そのような人たちがいます。

自分が、我が道を行きたいタイプで、無口な人と上手く付き合うには、時には、気づかうことが必要です。

無口な人は、我が道タイプの言動や行為に、耐えられない時や、順応できないこともあるかも知れません。

そのようなことが続くと、たぶん相手は、何かのメッセージを送ってくるはずです。それに気づかないでいると、いきなり〝ガス爆発〟が起こることがあります。

ご自身が、どちらのタイプであっても、そのような経験があるのではないですか。

さて、自分の体(細胞)との付き合い方は、これに良く似ています。

あなたの心と、あなたの体(細胞)の二つを意識してください。

細胞は、正に無口なパートナーと一緒です。

人の性格として、喜怒哀楽を比較的、表に出す人もいれば、うちに込める人もいます。

どちらの性格であっても、喜怒哀楽の感情は、どこかに存在しています。

外側に爆発しているか、内側に爆発しているか、冒頭で触れた「快」「不快」のエモーションが、引き金になって、様々な化学物質が体内で分泌されることにより、細胞にメッセージが送られていく仕組みが、私たちの体にあります。

本書では、様々な化学物質の中で、特に映画で触れられている抗ストレスホルモン（コルチゾル・アドレナリン）と、愛情ホルモン（オキシトシン）の二つに絞り込んで、書いていきたいと思います。

それでは、映画ＨＥＡＬ「奇跡の治癒力」から引用して、心と体のつながりと、その影響について解説していきましょう。

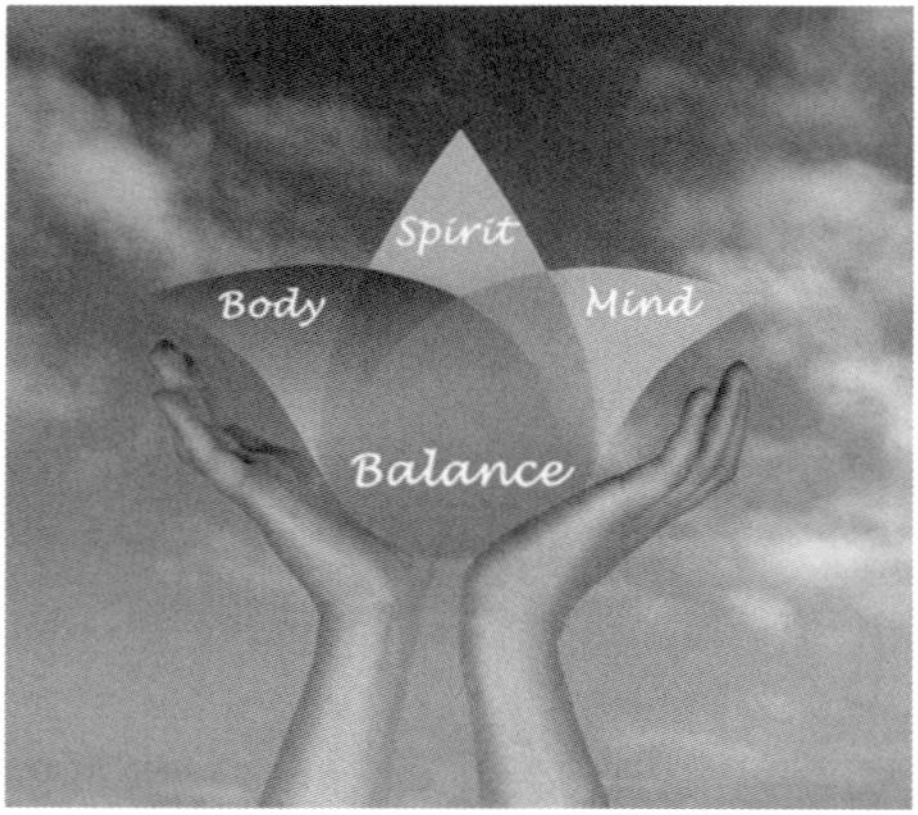
Spirit
Body
Mind
Balance

第二章

「人は感情を抑えることを学びました」

心霊治療家
ロブ・ウォージン

悪しき感情の蓄積が諸悪の根源となる

人は、日々起こる様々な出来事に対して、その人なりの受け止め方によって、様々な感情を作り出しています。

特に、悪しき感情が芽生えた場合、殆どの人は、他人から悟られないように、大人の振る舞いをします。この時、その悪しき感情は、自分のどこかに蓄積されてしまいます。

来る日も来る日も、同じような体験をして、同じような感情を芽生えさせて、他人からは、冷静な人に見られていても、自分の中では、悪しき感情の蓄積を防ぐことができないかも知れません。

その蓄積を開放するか、蓄積を防ぐことを覚えないと、体は、悪しき感情によってつくられた化学物質の慢性化が起こります。

この慢性状態によって、西洋医学が分類しているような、ガンや繊維筋痛症、クローン病、偏頭痛、頭痛、うつ病、ストレスが起因する慢性病の原因になっていると言います。

この「感情を抑えることができる」ということは、人であることの所以かも知れません。

私たち人間の脳にある前頭葉は、全体の脳の三〇％近くを占めています。

この場所が、理性や社会性を司っていますので、私たちの飼っているペットなどの動物たちの六％以下に比べると、理性的でいられることが分かります。

それ故に、人は、理性で感情を押し殺し、社会的に適用する能力をもつことの反作用として、身近なワンちゃん、猫ちゃんに比べて、ストレスを溜めやすいと言えるのです。

下の写真のように、あなたのペットは、あなたといる〝今この時〟だけを感じていますが、あなたの頭の中は、色々なことを考えては、もしかすると、悩んでいるかも知れません。

この悩ましき感情と思考の蓄積が、体にとって良くないと言われているのです。

ヒーラーのパワーは、どこからくるのか

映画では、心霊治療家が、慢性病の患者様の蓄積されたマイナスエネルギーを、天上界のパワーを媒体として、解放しているシーンから始まります。

私が、フィリピンで体験した信仰療法、心霊治療と同じ概念で行うエネルギー療法です。

具体的には、心霊治療家の意識（波動）状態が整うと、精霊（聖なるパワー）を受け入れやすい周波数になり、その治療家の体を媒体として、弱った患者様の意識や細胞にエネルギーを送り込むことができます。

それはあたかも、バッテリーがあがって自力でエンジンのかからない車に、他の車からバッテリーをチャージするようなものです。

西洋医療が、体の部分的な治療に専念するこ

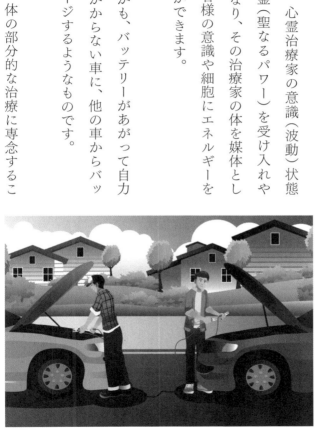

とに対して、心霊治療は、全体的に覆っている人の持つエネルギー場（フィールド）に対して、外側から刺激を加えることで、弱っている人のエネルギー場を復活させる（適切なエネルギー場に戻す）力を引き出すことを主眼としています。

心やスピリチュアルに対して「目覚めのキッカケ」は、いつ訪れるかわかりません。スピリチュアルな人、スピリチュアルでない人は、本来は、分け隔てるべきことではありません。

何故なら、私たちは例外なく、全てスピリチュアルな存在だからです。

私は、当初は、日本人は欧米人に比べて、宗教や信仰心が乏しいから、心や魂の話は、受け入れられないと思っていました。

世界的には、欧米諸国の人たちは、キリスト教をベースにして、何かの宗教を信じています。初めてアメリカの学生になった時に、「あなたの宗教は何ですか」と聞かれました。

しかし、その後、日本人が、無宗教で、信仰心がないとは言えないことが分かりました。

なぜなら、多くの人が、初詣、お墓参り等、神社仏閣に出向き、神仏に願う行為を胡散臭いとは思わないからです。

但し、何処まで深く信仰するか、どのくらい見えない世界の力に関心を持っているのか、その度合いは、人によっても、その人の経験や時期によっても違いがあります。心の世界への気づき、その「目覚まし」が鳴るタイミングは、いつ、どのような時にやってくるのでしょうか。

究極のセルフヒーリング・ストーリー（自分で、自分を治す）

映画は、次に、ジョー・ディスペンザ博士の心の力を痛感させる実体験に入っていきます。

事故で再起不能の診断を受けた同氏は、人間の生理学的機能(自らが体を癒す力)が、確実に備わっていることを証明しました。ご自身に起こった大変興味深いストーリーです。

彼は一九八六年に、トライアスロンの自転車レース中に、八六キロの四輪駆動車と衝突したことで、脊椎を六本骨折しました。

予後としては、もう二度と歩くことはできないだろうと、言われたのです。

本来なら、手術をして、背骨に金属棒を取り付けるのですが、彼は、「体をつくる力は、体を回復させる」と強く信じて、この手術を拒否しました。

普通では考えられない決断でした。

そして、約三か月にわたり、自分の中で、脊椎が再構築していく過程をイメージして、最後に、立って歩けるようになったという、極めて奇跡的な話です。

私は、本人からも直接聞いた話ですので、とても否定できませんでした。

そして、彼は言っています。

もし、また歩けるようになったら、その時は、一生、心と体の関係と、心が体に及ぼす影響について勉強すると……（今、ステージを歩きながらレクチャーをしています）

自然界の不思議な営み、人間の誕生と進化に至るまで、ありとあらゆる生命活動の中には、人知を超えた計り知れないパワー（力）が、備わっていることは、誰もが否定できないことでしょう。

全ての臓器を動かす力、食物の消化、代謝機能に至るまで、何が、その動きを現実化させていると考えますか？

物質以外の何かの力を感じることはありませんか？

ブッダの言葉に、「すべての人は、自分自身の癒しと人生を設計できる」とあります。

心の内側で起こったことが、物質化現象として、外側に奇跡という言葉に相応しい現実となることを、私たちは、常に体験しているはずです。

「人生には、二つの道しかない。一つは、奇跡などまったく存在しないかのように生きること。もう一つは、すべてが奇跡であるかのように生きることだ」

〜アインシュタイン〜

第三章

精神と物質は、
つながっている

「ニュートン物理学から生まれた医学は、体を物質的な装置として捉える」

精神医学・心身医学　ケリー・ブローガン医師

さて、現代医学は、ニュートン物理学と共に、大きな発展を遂げたことは事実です。それらは、人の体を機械的に捉えた物質主義が中心となっています。

病気の発症も、大げさに言えば、特定の臓器を部品として捉えて、それが損傷や機能不全であると考えがちです。

大病院に行くと、例外なく、内科、外科、耳鼻科、泌尿器科、皮膚科、整形外科……という具合に、臓器別に専門分野がわかれています。

これぞ、正にニュートン物理学の象徴である、体が、レバーやボタンの付いた物質的な装置として捉える傾向がみられます。

最近、身内が脊椎の圧迫骨折で入院しました。

本来であれば、何もしないで、ひたすらベッドの上で、安静にしていれば、そのうち良くなっていくという保存療法を選択するのですが、腰の痛みが強いことと、高齢のため、あまり長く寝かすのは良くないという考え方もありました。

そこで、骨折している部位を風船で膨らませて、その中にセメントを入れて、もとの形状に戻すことで、痛みがとれるという手術が選択されました。

流石、西洋医療です。

部位の痛みを瞬時に軽減させる比較的新しい手法でしたが、専門性の高い外科医が必要でしたので、脊椎専門のセクションに、転院させました。

お見事、手術は、大成功で、不思議なくらい痛みがとれました。

つぎの会話は、翌日の執刀医とのやり取りです。

先生「おはようございます。具合は、どうですか?」
患者「お陰様で、腰の痛みはなくなりました」
先生「それは良かったです」
患者「でも、今朝は、頭が痛くて、耳が良く聞こえないのです」
先生「そうですか。私の仕事は、腰の痛みが良くなってくれることなので、看護師に言って、午後でも耳鼻科と脳外科に行きましょうか(笑)」

当たり前と言えば、当たり前の会話かも知れません。
しかし、この会話から、西洋医療が、専門性の高まる臓器別医療に向かってきたことを、垣間見るわけです。

次に、薬の処方があり、医薬分業という制度も、その一端です。
その考え方が、薬品中心主義になっていきました。

高熱が出るには、必ず原因があります。

炎症が起こっている部位にも、何らかの原因があります。


この原因の本質を探さないで、その部位だけを解決させる対症治療のことですが、別名：バンドエイド療法とも呼ばれます。

意味としては、バンドエイドを貼っただけで、肝心の傷は、まだ治っていないからです。


しかし、量子物理学の発展とともに、この考え方は、古くなったといえるでしょう。

量子物理学とは、極小（ミクロ）の世界のことで、素粒子レベルの物理学です。

良く聞く、「波動」「エネルギー」のような肉眼では見えない世界を扱うため、時には不思議な振る舞いをすることが、明らかになってきました。

次頁では、その基礎について、少しだけ触れることにします。

「物質的なものなんてない、すべてがエネルギーなんだ」

有機化学　デビット・ハミルトン博士

少し難しくなりますが、いくら物質主義と言っても、物質の本質である原子を追っかけていくと、素粒子から構成されていることが分かります。

物質の本質を、コンビニでも売っている「おにぎり」で、説明します。「おにぎり」は、ご飯の集まりです。そして、ご飯とは、お米の集まりですね。その他の塩や、中身の具材は、この際は、忘れてください。

ここで、更にお米一粒を、分解していくとどうなるでしょうか。お米は、炭水化物（糖質）と呼ばれますが、大元は、ぶどう糖（グルコース）から成り立っています。炭水化物が、腸から吸収される時には、ぶどう糖に分解されて血液に入りますが、このぶどう糖は、分子と呼ばれています。

そしてぶどう糖の分子とは、水素、酸素、炭素という三種類の元素の結合によって出来ています。さらに、細かくすると、その一つ一つの元素（原子ともいう）は、三つの素粒子で出来ているのです。

＊元素と原子は、同じであり、元素は、原子の種類を示す用語になります。

順番に整理します。

おにぎり↓ごはん↓お米↓炭水化物↓ぶどう糖（分子）↓三種類の元素↓三つの素粒子

最後に登場した素粒子が、大事なところです。

素粒子とは、陽子、中性子、電子の三つから成り立ち、其々の数によって、水素とか、酸素とか、炭素とか、物質の最小単位と呼ばれる元素（原子）になっています。

このたった三つの素粒子から成り立ち、其々の数によって元素の種類が決まることは、高校時代の理科か、物理で学んだ、下の元素周期表に記載されています。
《お米（水素、炭素、酸素）の元素のみ日本語表記してあります》

これが、あらゆる物質の本質であることは、少し勉強すると分かります。

人も、食物も、動物も、地球上の物質とは、この元素の集合体になっています。

では、この大元とも読める、「元素」は、どのような状態で存在しているのでしょうか。

ここからが、最大のポイントです。

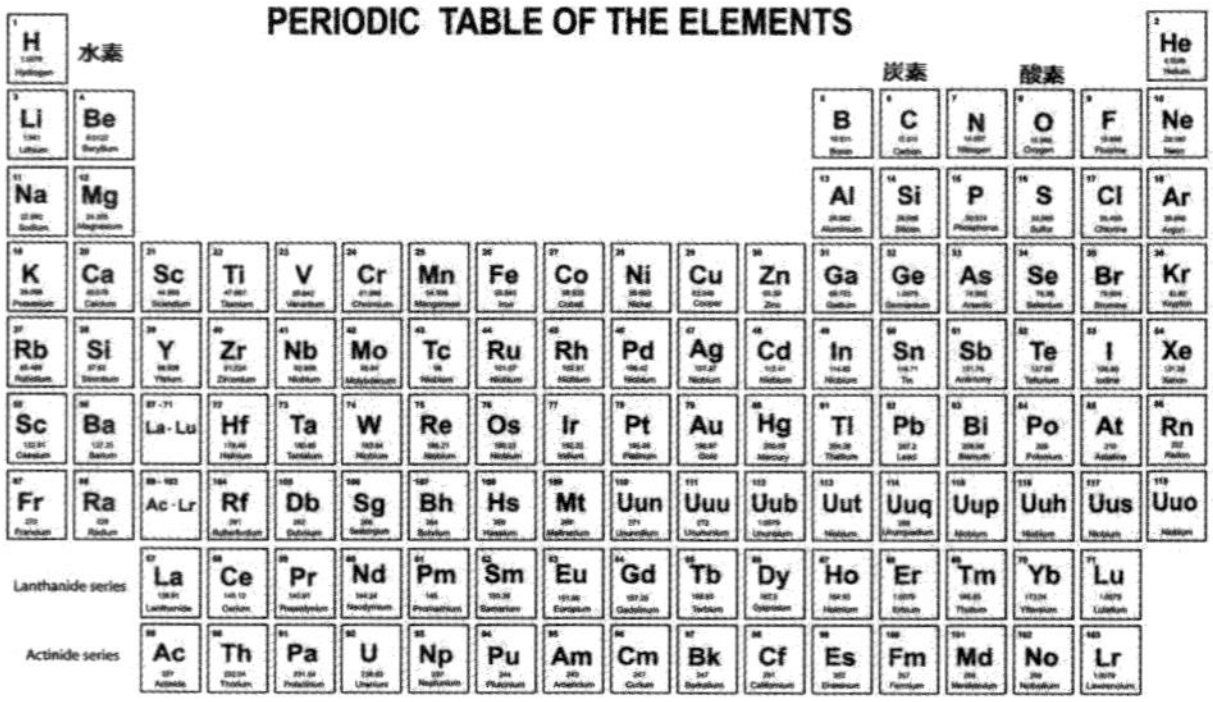

実のところ、原子とは、固体的に見えているだけであって、実態は、陽子と中性子で構成されている原子核の外側を、高速で回る電子との集合体であり、それは、あたかも雲のように見えています。

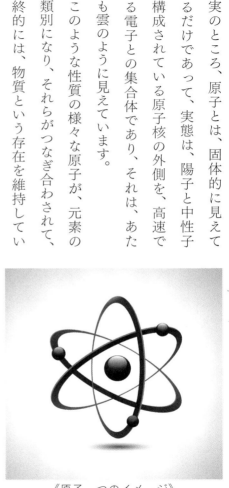

このような性質の様々な原子が、元素の種類別になり、それらがつなぎ合わされて、最終的には、物質という存在を維持しています。

《原子一つのイメージ》

これが、映画に登場するデビッド・ハミルトン博士の、原子の実態は、九九・九九九九……が、空のスペースであると言う意味になります。

また、次のイラストでは、人の体を構成している全ての原子について、九九%以上ある空のスペースを、すべて取り除くと、角砂糖の一個分に収まることを描写しています。

結論は、物質自体は、止まっているように見えていても、実際は、原子核の外側を、高速で回る電子という動きがあることを、今一度、理解してください。

動きがあるという事は、エネルギーを発しています。
エネルギーとは、波の状態を作りだしているということになります。
正に、原子=素粒子とは、何らかのエネルギーなのです。

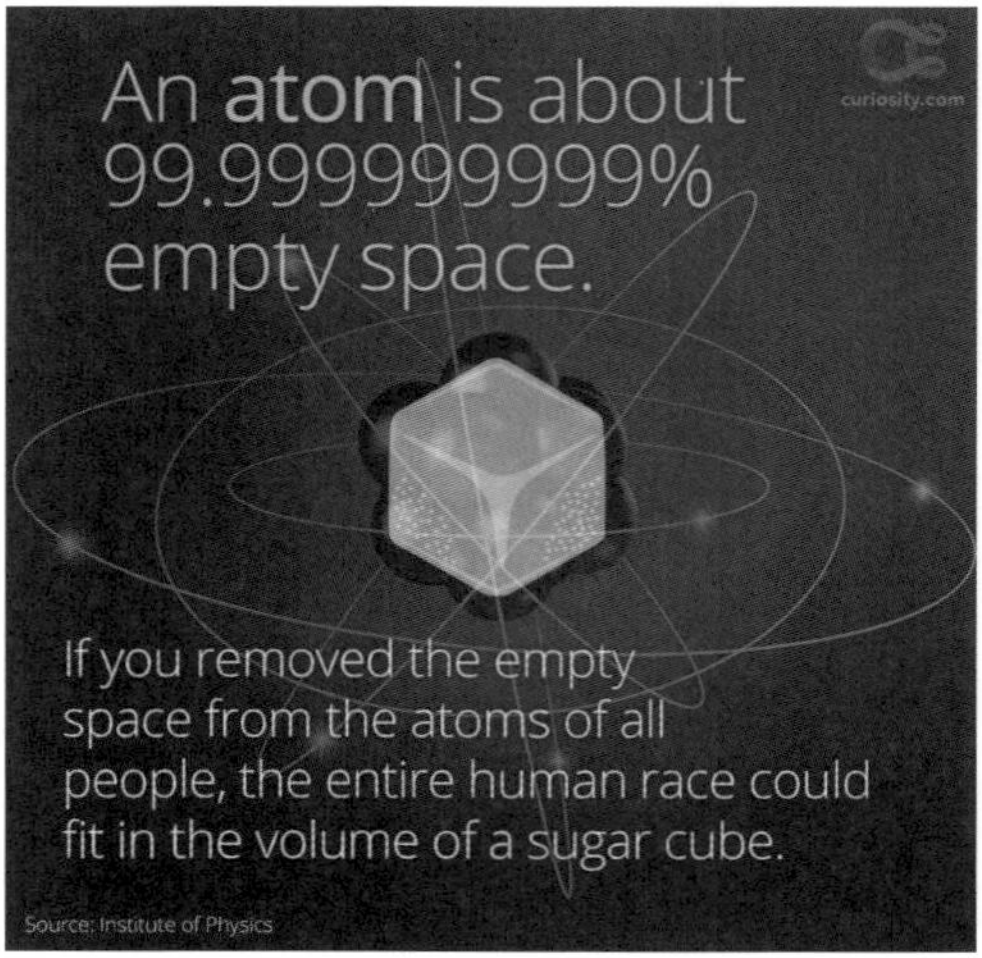

そして、物理学の世界でも、素粒子は、粒と波の二面性があることが明らかになりました。

すなわち、粒という物質と、波というエネルギー的な状態で存在していることになります。

つまり、私たちが、物質と呼んでいるもの(あなたも、食べ物も、動植物全て)は、同時に波というエネルギー的な存在であり、言い代えればエネルギーとして存在していると言った方が、正しいのです。

今回のテーマの中には、スピリットという言葉が出てきます。

日本語では、精神、魂、意識とも解釈できますが、基本的には目には見えないものです。

スピリットとは、何か

スピリットを定義すると、「物質世界に影響を及ぼす見えない力＝エネルギー」のことです。

従来の考え方では、物質論と精神論を分け隔てて考える傾向にありましたが、量子物理学の発展により、前述の通り、物質の本質が、エネルギーであるなら、人の持つ心（思考と感情）は、波動であり、それを司る意識は、スピリットであり、極めて強いエネルギーと解釈できるのです。

このエネルギーこそが、物質（細胞も含めて）の全てを操作する力になります。

第四章

「がんの劇的な寛解を促した９つの項目とは」

ニューヨークタイムズ
ベストセラー作家
ケリー・ターナー博士

病気の寛解には、思考、感情、霊性に由来する要素を求めること

がんから奇跡的な寛解を遂げる人たちは、後を絶ちません。

ターナー博士は、その奇跡的な寛解を遂げた人たち１００名以上のインタビューを通して、その治癒に貢献したと思われる内容を調査しました。

最初は、七十五項目が、上げられました。

その七十五項目のうち、上位九項目が次に挙げられています。

これら九項目は、すべてのインタビューアーが指摘した内容です。

このすべては、私たちの目指すホリスティックヒーリング（全人的治癒）になります。

1. 抜本的に食事を変える
2. 治療法は自分で決める
3. 直観（直感）に従う
4. ハーブとサプリメントの力を借りる
5. 抑圧された感情を解き放つ
6. より前向きに生きる
7. 周囲の人の支えを受け入れる
8. 自分の魂と深く繋がる
9. 「どうしても生きたい理由」を持つ

*引用元では、本来は、直感と記しますが、あえて直観としているのは、より本質的なレベルの感性に従うという意味です。

ご覧ください！　この中で物質的な要素は、1と4の二つだけです。

これもホリスティック栄養学で学ぶ項目であり、特筆すべき点は、残りの7項目は、全て思考、感情、霊性に由来する要素が大きいことがわかります。

ですから、実体験も踏まえて、西洋的治療、栄養的治療、その他の物理療法も含めて、治療プラスαの「何か」が、生理学的な機能を良き方向に導くこと、そして、体という肉体的な次元を超えた叡智（えいち）が、エネルギーを送り続けていることは、もはや否定できる時代ではないのです。

がんから奇跡的な寛解を遂げた人、特にステージ4や、末期がんの場合には、精神的な変革によって、自分自身の細胞にも変化を与えたケースが、多くあります。

人が、思考、感情、霊性を学んだ時、初めて何かが起こる

先日、ある場所で、ＨＥＡＬ「奇跡の治癒力」のプレミア上映会が開催されました。
その後に、行われた打ち上げパーティーの席上で、おそらく四十代であろう女性が、ご自身のがん治療に関するお話をされました。

自分は、乳がんの告知を受けた時に、最初は、大変ショックだったけれど、しばらくして、人間はいつか死ぬのだから、自分にできる精一杯のことをやろう、と思うようになったとのことでした。

更に、それで駄目なら、神様が帰って来なさいと言っているようなものだ、と真剣に思ったそうです。

いわゆる、良い意味で開き直り、通常の治療だけでなく、思考、感情、霊性に由来する治療法も、積極的に取り入れました。

正に、「メメントモリ」＝「自分が（いつか）必ず死ぬことを忘れるな」という意味であり、彼女は、それに近い心境に至りました。

自分なりのホリスティックワークを試みながら、適切な治療を施し、いま、生きていることに感謝しました。そして、何よりも大切に思ったのは、自分を支えてくれる周りの人たちの存在です。

それまでは、いてくれることが当たり前、やってくれることが当たり前に思っていたことが、この病気を通して、周囲に感謝できる心境に浸ることができたことが、何か大きな変化に繋がったことを確信していました。

最終的には、寛解を遂げましたが、これには、後日談があります。

ガンになった時には、「死ぬ気でやれば、何でもできる」という気持ちになれたのに、最近では、身近な問題に出くわしても、同じ心境にならない自分がいるそうです。

人は、ピンチに立たされると、いつもより頑張って乗り切ろうとする力が、湧き出ることが、あります。その反面、「喉元過ぎれば、熱さ忘れる」の言葉通り、過去の出来事の時と同じように振る舞えないこともあるのではないでしょうか。

心とは、不思議なもので、常にゆらゆらと動いています。

試練と思えるような経験に出くわしたとき、私たちは、どのように受け止めていけば良いのでしょうか。

受け止め方を変えることで、必ず、感情が落ち着きを取り戻して、心境に変化が現れます。

また、感情が少し落ち着くまで待ってから、その経験に対して受け止め方を変えるような努力をしてみてください。

思考、感情、霊性に由来する要素を、生活習慣の中に取り入れることで、物事の見方や、受け止め方が変わり、思考が変わることで、言動が変わってくることでしょう。

私自身は、特定の宗教の信者ではありませんが、ホリスティックセオロジー（神学論）を、アメリカで学んだ時に、聖書から次のような一節を紹介されたことを思い出しました。

この章に相応しい一節ですので、ここに紹介させて頂きます。

「あなたがたの会った試練で、世の常でないものはない。神は真実である。あなたがたを耐えられないような試練に会わせることはないばかりか、試練と同時に、それに耐えられるように、のがれる道も備えて下さるのである。」コリント人への第一の手紙第10章13節どのような状況のなかでも、大変に勇気づけられる言葉です。

「物事をどのように受け止めるか」

ぜひ、考えてみてください。

BODY
MIND
+ SPIRIT

YOU

第五章

「プラシーボ効果は、何でも治せるけど、ノーシーボ効果は、病気の原因となる」

細胞生物学者
ブルース・リプトン博士

心のすごい力は、良くも悪くも、すごく働く

私たちは、西洋医療中心の考え方の上で成り立っています。

映画の出演者の一人でもあり、本人も橋本病を経験している女医のケリー・ブローガン医師は、薬を摂りつづけることの問題を、誰よりも知っています。

彼女は、自らの経験を通じて、医学部では学ぶ機会のなかった栄養と健康の関係を知ることになります。薬とは、原因を見ずして、症状に対して処方しますが、慢性病の多くは、遺伝よりも生活習慣に発症の原因があります。

その薬の効果でさえも、薬品会社では、プラシーボ効果による薬効を調査しています。

プラシーボ効果とは、実際の薬ではなく、偽薬を使って、被検者に、どのくらいの効果があるのか、というテストです。

これが、ビックリするほど効果があります。にわかに信じ難いことですが、偽手術でも、効果を上げていることが報告されています。

偽薬でも、良く効く薬と信じ込めば、薬や治療にも劇的な効果があると言われるプラシーボ効果が証明されています。その真逆である、ノーシーボ効果という、反応もあります。

「心のもちよう」が、病態を悪化させるという、極めて恐ろしい現象のことです。

一八八三年オランダで、次のような実験が行われました。

プアードという死刑囚に対して、オランダの医師団から、医学の進歩のために、あ

る実験に協力して欲しいとの要請がありました。医師団は、この実験は、死の危険が伴うため、死刑確定者でないと、被験者にはなれないことを知っていました。

その実験とは、人間の全血液量は体重の十パーセントが定説だが、我々は、十パーセントを上回ると考えているので、ぜひそれを証明したいというものでした。

プアード死刑囚は、被験者になることを承諾して、目隠しをされてベッドに横たわり、血液を抜き取るために、足の指先を小さくメスで切られました。足元には、血液の受け皿が用意され、滴り落ちる音が、実験室内に響き渡りました。プアードには一時間ごとに総出血量が、告げられました。

やがて実験開始から五時間が経過した後に、総出血量が、体重の十パーセントを超えたことが知らされ、医師団が、その証明に歓喜した時、プアード死刑囚は、すでに死亡していたのです。しかし、この実験には、落ちがありました。本当に知りたかったことは、暗示の力です。実は、血液など抜き取っては、いなかったのです。彼には、ただの水滴の落ちる音を聞かせ、体内の血液が失われていると思わせるだけだったのです。

これが、有名な「ヴードゥー死」と呼ばれる「ノーシーボ効果」の最たるものです。

心(意識)が、身体に良くも悪くも影響を与えるプラシーボと、ノーシーボについて、お分かりいただけたと思います。

米国ハーバード大学医学部のハーバート・ベンソン博士は、「プラシーボ効果は、咽頭炎、喘息、ヘルペス、腫瘍をはじめとした様々な疾患の六〇～九〇%の効果が認められる。

したがって、信念体系を含む、心身を制御する技法が求められている。」とコメントしています。

期待をもって見ること自体が、その何かを作りだすことになる

このノーシーボ効果を考えれば、余命宣告は、いかがなものだろうか？

もし、有名な大病院にかかり、名高い医師から、病状に対する否定的な展望を言われたら、

あなたに、どちらの効果（プラシーボ、又はノーシーボ）が生まれることになるだろうか？

この点も熟慮して、大事なことは、「プラシーボ効果」を高めてくれる施設、及び医師との出会いは、おそらく実際の治療効果の半分以上を占めると言い切ることが出来るのです。

ホリスティック医学を推奨する医師として名高い、ディーパック・チョプラ博士の若い時の経験談として、肺にコインの大きさの病巣があったにも関わらず、五年間は

快適に過ごしていた保険のセールスマンがいました。

本人は、それががんであることは夢にも思わず、すでに六〇代のため進行も非常に穏やかでした。しかし、チョプラ博士が、病巣は、肺がんの診断と一致する旨を告げると、ひどく動揺し一カ月もたたないうちに、血を吐きはじめ、三か月もしないうちに亡くなりました。

この反応が、心の状態から起こったとすれば、心身相関の素早い反応です。

この人は、腫瘍とは共存できても、診断とは、共存出来なかったことになります。

女性の場合、検査の結果で、乳腺症と言われる人が、意外と多いと思います。

乳腺症とは、乳腺に起こり得るいくつもの変化や状態に対して付けられている名前なので、その後の医師の説明によっては、様々なイメージを持つことになります。

「もしかすると、前がん状態のことかも知れない」「このままにすると腫瘍になってしまうのではないか」とか、心配はつきません。
これでは、安心のための検査が、かえって不安をあおることになります。
この不安感が、身体に良くないことは、前述の通りです。

例えば、お風呂に入る度に、胸にしこりはないか、鏡を見るたびに、変なシミや、腫瘍はないかと探すことがあります。

世の中では、定期的に健康診断をすることが、早期発見の唯一の道であると言われています。

「がん保険は、安心のために必ず入りましょう」という宣伝も多く、その宣伝を聞くたびに、罹った時の安心より、罹る前提のイメージの方が、不安になる人も多いはずです。

検査が悪いとか、自分の身体の異変な部位を探すとか、保険にがっちりと入ることを否定しているのではありません。

問題にすることは、どのような意識で、その状況に対峙しているのかということです。

例えば、鏡を見て、「何か異変はないかな？」と期待を持ってみる人と、「何と美しい身体だ。少し太ったけど、肌は綺麗だ」と期待をもってみる人では、どちらが、プラシーボ効果が、高まるでしょうか？

アメリカの量子物理学者：ジョン・ホイーラー（一九一一年七月九日―二〇〇八年四月十三日）は、大事なことは、受け止めている意識に他ならないことを、次のように言っています。

「期待をもって見ること自体が、その何かを作りだすことになる」

権威ある人に、あなたの人生を委ねてはならない

映画の中で、エリザベスは、ステージ4のがんを告知されました。

「がん告知」は、非常に衝撃的に聞こえますが、この「告知」という言葉は、日常ではあまり使われません。

もともとは、新約聖書に「受胎告知」という言葉があります。

これは、聖母マリアが聖霊によってイエスを身ごもることが告げられ、それを受け入れる出来事です。

この大それた出来事に使われた言葉を、病気の知らせに引用するのが「がん」の知らせです。

他の病気で、「高血圧症告知」「糖尿病告知」「心臓病告知」とは、あまり聞いたことがないはずです。

ですから、受け取る側の印象としては、初めから生命に関わる病気であると感じ、すぐにでも死んでしまいそうに錯覚してしまいます。

あとは、がん＝死というイメージが、強すぎて、白衣の診断者（医師）の言葉を鵜呑みにして聞いてしまう状況が重なります。

現実的には、医師も人の子であり、十人十色のキャラがあるので、患者様に説明する際に、人の気持ちを理解できない場合には、夢も希望もないような言い方をされることもあります。

簡単な例ですが、病院で、白衣の看護師が血圧を測ると、心拍数が上がり、血圧が通常より高くなる、白衣性高血圧と呼ばれる症状があります。

もし、自分の検査結果を、白衣を着たドクターから、ある診断が下され、あまりよくない予後を告知されるとします。

それが、権威ある大病院に所属する権威あるドクターの言葉であれば、信じざるを得ない、という心境になってしまうので、プラシーボ効果の真逆のノーシーボ効果により、病状が悪化することさえあるのです。

白衣のスペシャリストから、一年という予後を言われると、多くは、そのことを自分の信念として信じて、そのようになることが多々あります。

もし、この時、白衣を着た別のドクターが、「あなたは、食事をこのように変えて、治療をこのようにして、考え方を少し変えて、ストレスをためない生活にシフトすれば、きっと改善しますよ。生活習慣を正して、数週間後に、また来てください」と言われたら、そのことを自分の信念として、プラシーボ効果が働き、グングン良くなる可能性があると、映画ＨＥＡＬ「奇跡の治癒力」で、ベックウィズ氏は、語っています。

「診断は信じても、決して予後を信じてはならない」
ディーパック・チョプラ博士

予後とは、生存期間の中央値のことであって、あたかも「弁当忘れても傘忘れるな」という北陸地方の言い伝えのように、年間を通して雨の日が多いと言われていても、あなたが訪問した時に、雨が降っているとは限らない、ということになります。

それでも医師は、病状を深く理解してもらうために、相手がどのように受け止めるかは、考えずに、告知するケースが多いのも事実です。

人の命とは、「定命」であり、いつ訪れるかは、誰も分からないのであって、他人から言われた予後を信じて、自分から思い込んで、ノーシーボ効果を発動させるべきではありません。

ノーシーボ効果に浸り込んでいるより、プラシーボ効果を期待して生きる選択の方が、心にとっては、より良く、生理学的にも、より良いことは、証明されています。

白衣の前の見えざる壁が、DNAを変える

第六章

『あなたの思考と感情で生まれた「信念」が、毒になるのか、薬になるのか』

病気の不安と治療法の疑義に、二つの恐怖のダブルパンチ

映画ＨＥＡＬに登場するエリザベスは、大腸がんを宣告されました。

体の健康には十分に気を使い、ヨガや運動、そして食事にも気を付けていたのに……

ある日、突然、それも、ステージ４だということがわかります。

彼女の最初の選択は、今まで通りの自然療法を続けることでしたが、なかなか回復に向かいません。しかし、頑なまでに、それを続けています。

周りからのアドバイスもありましたが、他の治療法に選択肢を広げるには、少し時間がかかりました。彼女自身が、化学療法は毒であり、体を害するというイメージがあって、その悪しき「信念」から離れられなかったのです。

昨今、日本においても、通常医療における、がんの三大療法（手術、化学療法、放射

線療法）の賛否が、取り沙汰されています。

そして書店には、これらの療法を否定する書籍が並んでいるのも事実です。

一般的には、がん検診を定期的に受けて、もし、がんと診断されると、三大療法が施されます。特に、代替療法（通常医療以外の治療法）の知識がなければ、三大療法の治療コースを歩むことになります。

しかし、家族・知人・友人や、自らで調べた結果、三大療法の問題点や、代替療法の選択肢があることを知ると、人は悩むことにもなりかねません。

「抗がん剤をやる方が良いか」、それとも「抗がん剤をやらない方が良いか」

「通常医療の選択か？　代替療法の選択か？　それとも両方やるのか？」

この段階で、人は悩むことになります。

「知らぬが仏」で、他の選択肢を知らなければ、少なくても、治療法については、悩むこともありません。

前述の「がん告知」の恐怖から、どのように解放されるかの一点に絞られてきます。

最初に信じた治療法が上手く行かないことによる**焦燥感**や、周りから自分の選択した治療法について、非難されるという**不快感**、常に付きまとう「がん」というイメージからやってくる**恐怖感**等、映画に登場するステージ4のエリザベスの状況を理解できる人は、多いはずです。

右に挙げた、**焦燥感**、**不快感**、**恐怖感**を持ち続けることは、抗ストレス性ホルモン(コルチゾル等)の慢性的な分泌要因となり、体にとって決してプラスにはなりません。

では、これらのマイナス感情が、どのようにして、病気の治癒を妨げたり、健康を害する起爆剤となるのか、そのメカニズムについて、簡単に説明しましょう。

映画HEALの中で、目の前にライオンが出てきたときに、私たちの体は、100%のエネルギーを「闘うか、逃げるか」に使うことが、描写されていました。

このストレス時に分泌されるのが、誰でも聞いたことぐらいある「アドレナリン」という抗ストレスホルモンです。

このアドレナリンは、ライオンの脅威がなくなると、抑えられますが、慢性的なストレスに暴露されている現代人は、もう一つの抗ストレスホルモンで名高い「コルチゾル」が分泌されます。

分泌されたこれらのホルモンは、血液中に流れ込みます。

ここで、免疫系（白血球）との接点が出てきます。

ストレス状態において、自律神経系の交感神経が優位になっていると、これらの抗ストレスホルモンの分泌過剰や、慢性的分泌状態により、血液中の顆粒球の量が増えることで、闘う戦士であるリンパ球とのバランスが狂い、結果的に免疫を弱めるというメカニズムになります。

免疫系への影響とは、抗ストレスのための防御システムの過剰労働ということです。

私たちの体は、環境の変化に応じて、健康に保つためには、次にあげる三つの系が、重要な鍵になります。

一．自律神経系は、身体の働きを調整します。

二．内分泌系は、ホルモンです。

三．免疫系は、身体を異物から守ったり、修復したりします。

どれも、耳にしたことがあると思いますが、この三つの系が、バランスよく手を取り合って、安定することが、ホメオスタシス（恒常性）と呼ばれ、私たちの身体に備わった機能です。（イラスト参照）

本来であれば、これらのバランスが崩れることはないのですが、ライフスタイルの乱れによって、食生活が劣悪になり、経済成長に伴い、生活は便利になりましたが、誰もが感じている環境汚染問題など、様々な外部から進入する問題点が、ホメオスタシスのバランスを崩している傾向は明らかです。

その中でも、特筆すべき要因が、心の問題であり、ストレスによるホメオスタシスへの影響になります。

少し難しい言葉が出てきましたが、次のように考えると分かりやすいです。

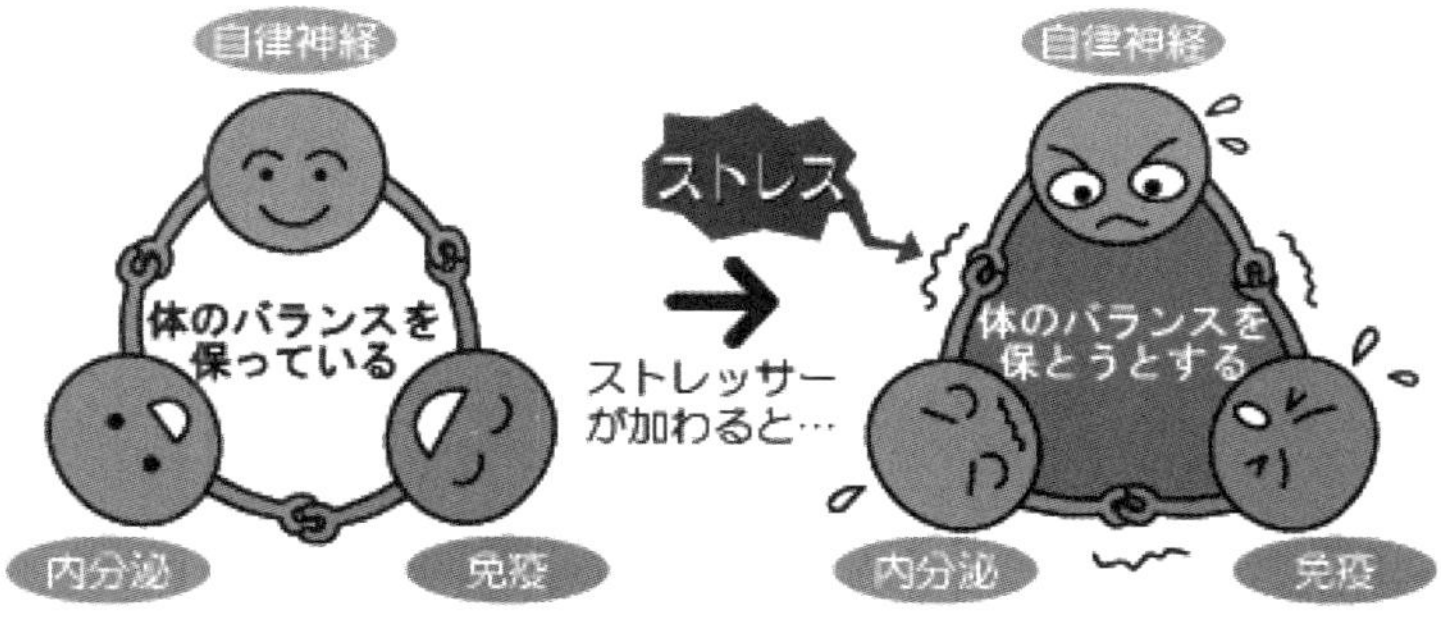

「日本成人病予防協会より引用」

私たちの体を会社組織に例えます。

あなたは、CEO（最高責任者）です。

ある朝、会社に行くとCEO室（別名：あなたの脳）に電話がかかってきました。

「いま、朝食に混入していた病原菌が、胃腸器官で発見されたので、退治したいから、免疫系を強化してください。応援をお願いします」と、消化器系部署からの連絡でした。

「了解しました」と返事をして、特定の経路で免疫に必要とされる化学物質のリレーを指示しました。

電話を切ると、すぐに今度は、視聴覚部署から「いま、目の前に、ライオンが目撃されました。襲いかかられそうで、食べられてしまいそうです」と連絡が入りました。

その時、CEO（あなたの脳）は、その事態を最優先事項と判断して、100％のエネルギーを、「逃げるという行為」に向けようとします。

生理学的には、アドレナリンが分泌され、自律神経系部門は、交感神経を優位にさせて、心拍数を増やして、血圧を上げて、逃げようとする行為に全面的にエネルギーを使います。

それはそうですね。もし、本当に、ライオンに食べられてしまったら、胃腸器官に侵入した病原菌は、あなたではなく、ライオンの問題になるからです。

それは、間切れもなく、今、生きるか死ぬかの究極のストレス状態です。

このようなストレス状態では、がん細胞と闘う免疫の働きまでは、悠長には、指示していられる状態ではありません。

つまりは、先ほどの病原菌に対する免疫機能は、極めて弱くなります。

なぜなら、免疫機能は、自律神経系の副交感神経が優位の時に、より良く働くからです。

交感神経優位の時には、身体的には、唾液は渇き、筋肉にエネルギーが充満して、逃げる体勢になっています。この時は、食事をしている場合ではありません。

ですから、日々の食べ物の消化についても同じです。

交感神経が活発に働いている時には、消化機能のパフォーマンスは落ちます。

慢性的なストレスの多い生活下では、消化不良が起こり、栄養素が、細胞に取り込めなければ、体の営みは、適切に機能しない可能性を秘めてきます。

これが、慢性的なストレスにおける、免疫力低下の可能性のメカニズムです。

慢性的なストレス状態では、多かれ少なかれ、このようなメカニズムが働いていると理解してください。

外からの刺激（ストレス）が受け取られると、体は自律神経系の働きにより切り替わり、それに準じて内分泌系（ホルモン）と免疫系（白血球）も動くことで、三つの系のバランスを保つよう、その状態に適した対応をします。
慢性的にストレス状態にあるということは、副腎は、アドレナリンやコルチゾルの過剰分泌により疲労状態に陥るのです。

この状態が、副腎疲労となって、免疫機能を弱め、様々な症状をつくります。
副腎疲労の対症療法は、栄養的なアプローチも含めて、治療家が注目していますが、何処からそのストレスがやってくるのかということを、ホリスティック的に見ていかないと根本的な解決方法にはなりません。

さて、ストレスになるということは、あなたの脳が、ストレッサー（ストレスになる要因）をストレスとして受け止めた時であり、①現実に体験する出来事もあれば、②イメージ（想像）だけの世界で作られるストレスもあることを知って頂きたいと思います。

特に、第二章でお話したように、人は、感情を抑えることを学んでいるので、諸悪の根源は、それらの悪しき感情の「蓄積」によって、このメカニズムが、慢性化する可能性を示唆します。

「脳は、現実とイメージの世界を区別できない」

これは、極めて重要な文言です。

降りかかった出来事や、思い描いたイメージを、どのように受け止めるかで、体の生理機能は、変化することの証になります。

治療中心主義から、人生中心主義へのシフト

映画では、彼女(エリザベス)は、心・霊・体の三つの観点から健康を考えるホリスティックヒーラーであるディアンと出会います。

彼女に最初に連絡した理由は、死んだときに恐れない心を作るためであり、肉体的な治療が理由ではなかったのです。

「いつも死ぬのが怖かったので、それでは良くない」と、言われました。

「恐怖」という感情が作り出すものから、「奇跡」を感じる感情を作り出すために、ホリスティックワークの必要があります。

ホリスティックワークとは、私が提唱する「心と体の連動を考えた瞑想トレーニング」です。ホリスティックの根幹である心霊体の三つの関係を学び、従来の思考型から、感情型の瞑想に導き、それらを意識化する習慣を身につけることが目的です。

ホリスティックワークは、自分の蓄積される可能性のある「悪しき感情」を客観的に見るようになるためのトレーニングです。

別の言い方をすれば、あなた特有のエモーション（情動）が生まれる時に、それに気づくことです。

他人の感情を感じることはできません。

しかし、「自分の感情をどのように感じているか」は、あなた自身ならできます。

分かりやすく言えば、「私は、このような状況や、物ごとに直面すると、自動的に赤スイッチが押されて、特有のエモーションや、感情が生まれる」

正に、「心の癖」というものを発見することです。

このトレーニング法によって、感情を切り離すことが、出来るようになります。

そして、ホリスティックワークの習慣化は、「悪しき感情」の蓄積を予防することにつながります。

最初は、不安もありますが、隠れた焦燥感、不快感、恐怖感を確認して、それらを時には、解放することで、その反対の「奇跡」の感情で包み込むことができるようになります。

正に、映画HEALの中で、ステージ4のエリザベスが、このワークを取り入れていたのです。彼女（エリザベス）は、少しずつ口を開きだしました。

そして、家族から化学療法を進められていることを話します。

家族の自分を心配する気持ちを考えると、その愛を受け入れることを考え始めました。

「抗がん剤を毒とは思わずに、がん細胞だけを鎮めるカクテル療法だと思いなさい」

とホリスティックヒーラーのディアンは、アドバイスします。

ここでのポイントは、治療を受ける人の「信念」の力です。

あるグループは、抗がん剤を毒とした信念を持ち、あるグループは、西洋医療こそたよるべき道であるという信念を持っています。

映画の中で、マリアン・ウィリアムソンは、「私たちは、無限の力を信じるより、がんの怖さを信じる傾向があります」と語ります。

自分の信念が、どちらに傾くかで、その方向が変わります。

実際には、怒りや恐怖の心を持つことは、誰にでもあることで、その気持ちが生まれること自体が、問題なのではありません。

問題は、無意識に、その気持ちが、自分のどこかに蓄積されていることです。

体も同じで、悪しき食事の選択や、消化不全によって毒素を蓄積させていると、生理学的な不和が起こるように、心に恐怖心を蓄積させていることが、ストレスホルモンを分泌させて、治癒を遅らせる傾向になるからです。

人によって、信じている内容が間違ったものであれば、結果は間違いになります。

悪しき思いが、潜在的に蓄積して、良からぬ現実を創りだしていることを、再分析、再分類するためのホリスティックワークを取り入れる必要があります。

ホリスティックワークには、時には、大きく深呼吸をしたり、大声を出したり、石を投げては、自己解放することも含まれています。

ディアンの指導の下、新しい気づきが生まれて、良き「信念」にシフトしていくことが、映画の中で描写されています。

良き信念とは、病気だけに目を向けるのではなく、生き方に目を向けて、良き食事、良き思考、良き感情による、「良き選択のできる自分」を見つける旅に出ることなのです。

「あなたが私の中に見える美しさは、
あなたの反射したものです」

第七章

「私の健康は、
遺伝が影響しているのではない、
それは、環境なのだ」

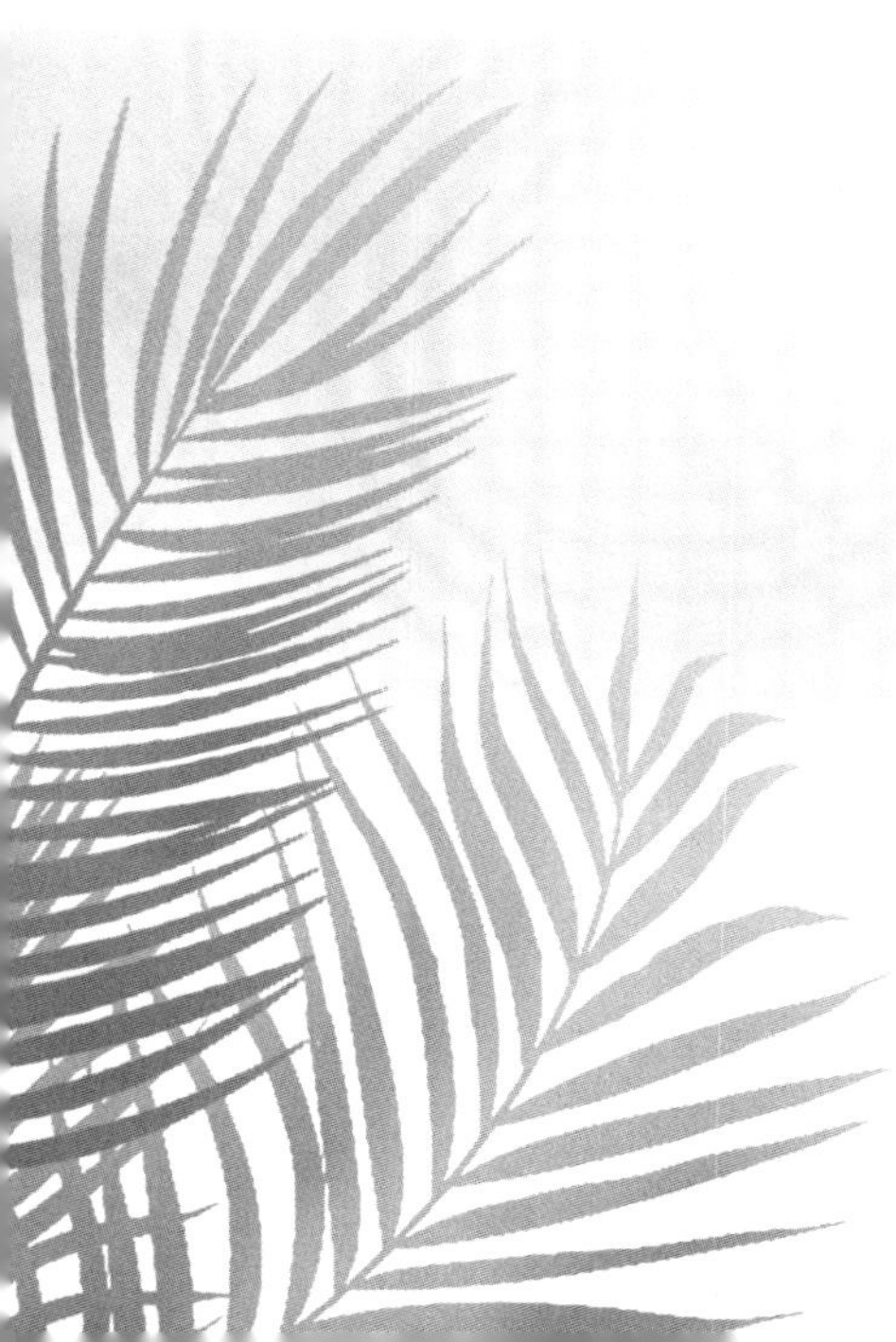

「環境」を変えるのではなく、「環境」の受け止め方を変える

前章で触れたホリスティックワークの必要性は、極めて重要です。それは、人によって、不安、怒りを代表する悪しき感情の生まれるルーツが異なるからです。

人によって、〝赤いボタン〟が押される瞬間に違いがあります。

特定の状況や、物ごとに直面した時、あなたにとっては、不快と感じても、他の人にとっては、不快と感じないことがあります。

さらに厳密に言えば、不快感という一言でも、その度合いについては、他人と比較することが困難です。

要するに、私の悲しみや、怒りの感情は、他人には経験できないという意味です。

ですから、心が体に影響することは、多くの人が納得しても、それが、どの程度、自分自身の体に影響しているかを、計測する機械がないため、心と体のつながりについては、横においてしまう傾向は拭い去れません。

しかし、心と体の連動は、遺伝子DNAも超えるだけの理論があります。

次の説明は、この映画の重要なポイントになるところです。

一九六八年、ブルース・リプトン博士は、幹細胞のクローン法を学んでいました。

当時は、世界のほんの一部の人が、幹細胞の存在を知っていました。

"Yes, love is a potent drug indeed, Miss Cruickshank.... But I still don't think we can analyze it using Gas Chromatography..."

＊ストレス状態をチェックできても、個々の生化学的状態（現在）に、どの程度影響しているかは、測り知ることができない。

今では、日本でも、山中教授をはじめ、多くの科学者が、細胞の振る舞いについて研究しています。

私たち人間は、六十兆〜百兆の細胞で作られています。その細胞を研究していたリプトン博士は、実験結果を次のように述べました。

一つの幹細胞を培養すると、十〜十二時間ごとに分裂しました。最初は、一つ、二つ、四つと二倍ずつ増え続けます。そして、五万の遺伝的に同じ細胞ができました。

次の実験では、細胞を三つの培養皿に分けて、培養液の化学組成を変えてみました。つまり、遺伝的には、同じ細胞を三つの異なる化学環境の皿に分けたのです。

すると、一つは筋肉細胞に、もう一つは、骨細胞に、最後は、脂肪細胞に変わったのです。

何が重要かというと、全て遺伝的に同じ細胞の運命を操るものとは、細胞の遺伝活動を促すのは、元々の遺伝的性質より、その後の環境にあるということになります。

また、ボリセンコ博士は、双子の話を例にして、其々が異なる生活環境で育った双子は、全く別の性格になると言っています。

では、ここで言われている「環境」とは何でしょうか？

「環境」とは、広義においては人、生物を取り巻く家庭・社会・自然などの外的な事の総体であり、狭義ではその中で人や生物に何らかの影響を与えるものだけを指す場合もある。【ウィキペディア】

生物に何らかの影響を与えるもの＝食事、生活、そして精神的な環境が、最も身近に感じられるものです。

特に、最近の研究では、「親や周りの人から、何を教えられてきたのか？」ということがあります。

正に、氏より育ち＝遺伝子より環境と言っても過言ではありません。

これらの違いは、その人の「物ごとの受け止め方」の違いに影響を及ぼします。

つまり、認識の仕方、意識の仕方、捉え方により、感情が変わるわけです。

先ほどの幹細胞が、環境に合わせて調整するように、意識（心）という解釈によって、思考と感情が変わります。

例えば、私の中で、ある特定の環境を体験（意識）すると、私なりの解釈をします。

この解釈の仕方を変えると生理機能が変わり、生体環境が変わるということになりえるのです。

次の話は、いかがでしょうか。

ある時、上司、親、又は友人から、自分のミスに対して、強い口調で、注意を受けたとしましょう。この状況を、「環境」と呼びます。

この時、あなたが、その「環境」どのように受け止めたのか、が最も大事です。「環境」そのものではなく、あなた自身の意識が、その「環境」を、どのように解釈しているかで、大げさに言えば、人生が変わると、リプトン博士は言っています。

このことが、私（私の意識）が環境の見方を変えるのであって、遺伝子ではないわけです。

さらに、同博士は、環境と自分の間に二つの心があると言っています。

その心は、お互いが協力し合う意識（手動操縦）と無意識（自動操縦）のことです。

顕在意識と潜在意識と表現しても良いでしょう。

特に、無意識の心は、過去に経験した出来事から作られています。

例えば、幼少期に似たような状況（色・音・匂い・味覚・環境）が引き起こされて、何度も同じ経験する場合や、一度でも衝撃的な心的体験をした場合、それが潜在的にトラウマになって自動的に反応するようになります。

良いことでも、悪いことでも、何度も自分の心に刻み込まれると、自分が意識しなくても、自動操縦のように作動していることは、多くの人が経験しているのではないでしょうか。

このメカニズムを知ると、自分や自分の体を変えるためには、潜在意識への働きかけが大切であることに気が付き始めます。

自分の一日を振り返ってみましょう。

私たちは、一日に六万から七万回の思考を行っていると言われますが、そのほとんどは、前からある思考と同じようです。

例えば、毎朝、アラームで起こされ、同じ指でそのアラームを止めて、ベッドに寝ているのであれば同じ側から降りて、スリッパを履いて、トイレに行くか、洗面所に直行するか、概ね同じ行動をしています。

朝食を摂るか、コーヒーだけ飲んで出かけるか、仕事先への道筋もいつも同じで、会う人も同じで、会話も似ているようで、特に同じ相手には、同じような感情が芽生えているはずでしょう。

帰宅の前には、外食をして帰るパターンがあれば、買い物をして帰るパターンもありますが、だいたい一日の過ごし方に、大差はないはずです。

言いたいことは、日々の生活の一コマ一コマを、私たちは、意識的に行っていないということです。

意外なことですが、私たちは、一見考えて行動しているように思えますが、かなりの部分、自動操縦の心が働いて、プログラムされた自分の選択で生きていることが分かります。

九十五％の自動操縦の心（無意識）と、五％の手動操縦の心（意識）。

このプログラムは、教育、思想、習慣、環境によって培われます。

古くからの思想により、日本人の国民性は、一般的には、他者との調和を重んじる傾向があります。言い代えれば、他人と歩調を合わせることを美とすることです。目立った行動や、言動は、慎むため、外国人と接しても少し遠慮がちなる人が多いはずです。

中には、日本人らしくない振る舞いをする人もいますが、世界的な日本人のイメージがあるようです。

国民性をジョークにした話ですが、大型客船が、いま、まさに沈没しようとするとき（タイタニックのような）女性や子供には、非難用のゴムボートがありますが、男性には、何もありません。

船長は、何とか女性と子供を避難用ボートに乗せ、他の乗客に、船が沈没するので、飛び込んでもらうために、次のように、説得しました。

まず、イタリア人には、「美女もたくさん泳いでますから、どうぞ」

次に、アメリカ人には、「いま飛び込めば、あなたは、英雄（ヒーロー）ですよ」

中国人には、「この海には、金塊が沈んでいます」

最後に、日本人には、次のように言いました。

「皆さんが、飛び込んでいますので、安心です」とのことです。

長年にわたり、日本人のキャラクターとして、プログラムされた国民性というものが、他の国の人から見ると、滑稽に見えることがあるようです。


また、「〇〇さん！　最近、お母さんに似てきたよね。姿だけでなく、話すこともそっくりだよ。やっぱり親子だね」と、親戚や知人との会話を、経験したことはないですか？

「そんなことないよ！　私は、私よ……」と怪訝な顔をします。

自分では、さほど意識してなくても、自然に親や兄弟に似ている仕草や、言動をするものです。これが、私の言うプログラムの一例です。

私たちの、思考の基準は、過去の経験が基盤となっています。どのような教育を受けて、どのような思想を持ち、それが習慣化したという環境が、ものすごく影響しています。

仮に、遺伝子ＤＮＡが同じであっても、環境が異なれば、発現する内容も異なります。

その環境に準じて、植えつけられたプログラムは、三五歳位までに決まると言われています。

親からの言葉の教育より、親の背中を見て、子供は育つ

父親や、母親の口癖の言葉を、子供が真似て、発している光景に出くわしたことはありませんか？

私の知人は、阪神タイガースファンで、テレビで、良く野球観戦をしています。

ある時、彼のお宅で、一緒に野球を見始めると、三歳の息子が、私の横に座り、「バッキャロー！」と、縦ジマユニフォーム（阪神タイガース）の選手が映ると、叫ぶのです。

最初は、不思議議でしたが、奥さんが言うには、タイガースの選手が、チョンボをすると、ご主人が、必ず「バカヤロー！」とテレビに向かって、叫んでいたそうです。

そしたら、いつのまにか、野球が始まると、「バッキャロー！」と言うようになったとのことです。

みなさんも、同じような話を聞いたり、経験したことはありませんか？

このように、親の仕草や、言動を、子供は自然とまねるものです。

子供は、環境を良く見て、親が、意識的、又は無意識的に提供する世界を受け入れます。

その結果、親の教育、信念、考え方が、子供自身のものになっていきます。

普通の家庭環境に育った人もいれば、傍から見れば、極めて劣悪な環境の人もいます。

例えば、ディズニー小説のジャングルブックは、オオカミに育てられた少年の話です。

人間の子供が、オオカミに育てられるなど考えにくいことですが、子供のころに、遺伝子ＤＮＡを受け継ぐ親から離されて、別の親に育てられるというケースは、珍しいことではありません。

京都大学の霊長類研究所では、チンパンジーの子供ですら、ただ母親を観察するだけで学習することを示しました。

実験内容は、母親のチンパンジーを教育して、色を表す漢字と、その色の正方形の関連を学習させて、コンピュータをオンにさせ、漢字がスクリーンに出たら、その色の漢字の正方形を選ぶように教えました。その選択が正しければ、チンパンジーは、コインをもらえ、自動販売機に投入すれば、果物が手に入るというしかけです。

訓練中は、子供を連れていました。

ある時、母親が販売機に果物を取りに行っていた時、驚いたことに子供のチンパンジーが、コンピュータをオンにして、スクリーンに漢字を映し出し、子供は、正しい色の正方形を選び、コインを手に入れて、母親のいる自動販売機にいきました。

どうでしょうか?

親からの言葉の教育より、親の背中を見て、子供は育つ。

すなわち、教えてもらわなくても、子供は観察だけで、難しいことも修得するということです。

ここで、良く使われる「遺伝だから」という言葉があります。

大事なことは、私たちの人生は、遺伝子ＤＮＡで決まるのか、それともその後の教育や環境によって決まるのか、ということになります。

答えは、後者です。遺伝子ＤＮＡは、あくまでも可能性であり、病気の発症であっても、発症する環境が整っていたから発現するということになります。

「あなたの遺伝子ＤＮＡは、可能性のパーツのひとつであり、あなた自身からの指示を待っているのです」

〜ジョー・ディペンザ博士〜

では、無意識で芽生えている感情や思考が、自分の体にとって好ましくない時には、どのようになってしまうのでしょうか？

第八章

「自動操縦の心が、
自分の体や、現実を創っている」

瞑想の習慣が、自動操縦の心から手動操縦の心に変える手がかり

ブルース・リプトン博士は、自分の環境（主に出来事）をどのように受け止めたかで、体（細胞）への伝達内容が変わると言っています。

そうであれば、毒を伝えるのか、薬を伝える方が良いのか、誰もが、口をそろえて、薬の方が良いに決まっていると言うに違いありません。

問題は、九五％が自動操縦の心（無意識）であれば、一日のうちの九五％の感情と思考が、体にとって、良いものか、悪いものか、気づいていない、ということになります。

ストレス社会では、多くの人が、毒を伝えている可能性があります。

代表格は、恨み、妬み、嫉み、怒り等、恐怖心も含めたあらゆるネガティブな感情を持つ時、私たちは、毒を細胞にまき散らしている可能性を否定出来ません。

いくら、日々の食事に注意して、体に毒になるような食事を避けていても、ストレスいっぱいの人生では、心の毒を作りだしているからです。

そのためにも「心の勉強」として、ホリスティックワークを習慣づけることにより、自分の心の癖を把握することが大切です。

体のデトックスだけでなく、心のデトックスも必要になります。

では、その一助となるメディテーション（瞑想）について、お話しましょう。

瞑想と聞くと、僧侶などの特別な人のための修行とか、説明によっては、「胡散臭く」感じる人もいるかもしれませんが、瞑想が科学的な裏付けによって、生体に良い影響を及ぼすことが、証明されています。

映画に登場するジョー・ディスペンザ博士は、彼の主催するワークショップの参加者数百名を被験者として、瞑想研修の最初と最後で、IgAレベル（免疫グロブリンの一種）の検査をしたところ、瞑想をすると、IgAが上昇することが分かりました。

結論は、瞑想をすると、免疫力が上がるということです。

脳下垂体に良い影響を及ぼして、生体にとって有益なホルモン物質を分泌するので、予防接種よりも効果的であるという意見も多くあります。

瞑想は、静かなところで行うことが理想ですが、原則的に、場所も選ばず（車の運転中は除く）、経費も掛かりません。

目を閉じると、外側の世界が遮断されて、内側の思考だけの世界になります。

意識的に、何をイメージするかで体の中が変わるのです。

「イメージしただけで体が変わる？」

答えは、ＹＥＳです。

例えば、目をつむって、冷蔵庫の中のレモンを取りだし、半分に切り裂いて、果汁を絞り出しているところを、心の中でイメージして、レモンにかじりついてください。だ液が口の中に出てきましたか？

このようにイメージの良し悪しで、体のどこかが変化することは、誰もが経験していることでしょう。

人前で話す前から、心臓がドキドキすることは、実際にその出来事に直面する前のイメージだけで、生理学的な変化をもたらします。

前述のとおり、私たちの脳は、実際に起こっていることと、イメージの中で起こっていることの区別がつきません。

ですから、このメカニズムを用いて、正しい瞑想とイメージトレーニングで、体の状態を良い方向に持っていくことができます。

最近の言葉では、瞑想と呼ばずに、マインドフルネスが有名ですが、直訳すると「思考でいっぱい」となるので、映画の中で、ディーパック・チョプラ博士は、文言自体は気に入っていません。

なぜなら、「思考を意識化することは、思考ではない」からです。

この意味は、難しく聞こえますが、瞑想を、正しく行う上で、大変重要なコメントです。

私たちは、常に思考しています。

思考とは、意識的に考える時と、無意識に、上ってくる思いがあって、その思いについて評価したり、考えたりする時があります。

この繰り返しが、思考＝心の活動です。

思考を意識化するということは、「ただ漠然と、その思いや考えている自分に気づく」ということです。

その内容について、評価したり、考えたりすることではなく、その時を感じているだけの状態です。

この状態を意識的に行うには、胸の中心に意識を向けることをトレーニングする必要があります。

では、実際にやって見ましょう。

正しい瞑想法（メディテーション）について

目を閉じると、すべてが、頭の中のイメージの世界に入っていきます。

また、瞑想すると、頭の中で、色々なことを考えてしまい、一般的には「邪念」と言われる思考が生まれることも多々あります。

これでは、頭の中は、「思考でいっぱい」になり、真の瞑想にはなりません。

この時に、少し胸に手を当ててください。

胸に手を当てると、一瞬ですが、思考から遠ざかることができます。

続けて、夜空に輝く満月をイメージして、その満月を胸の中心まで持ってくることをやってみてください。

それが無理なら、胸の中心に円を描くというイメージでも良いです。

実は、この単純な練習が、ホリスティックワークの第一ステップになります。

正しい瞑想をすることで、前述の実験結果の通り、私たちの体は、薬ともなり得る化学物質を分泌することが明らかになりました。

今こそ、瞑想を通して、良いイメージを作り、体の中の化学物質（ホルモン）を良きものとすれば、自分でできる究極の自然ホルモン療法として、セルフヒーリングに大いに役立ちます。

これが、「瞑想」を日常的に取り入れることをお勧めする理由です。

では、ホリスティックワークの第一段階になる簡単瞑想法を、次にご紹介します。

【ホリスティックワーク　簡単瞑想法】

先ず初めに、深呼吸をしましょう。口から吐いて、鼻から吸う。

ポイント①　深呼吸は、吐くことから始めてください。この時、体（細胞）に蓄積されている不必要なものが、全て吐き出されるイメージで出し切ること。

ポイント②　吸うときには、体（細胞）にとって良きものが入ってくるイメージです。

ゆっくりと、無理のない程度に、時計を見ながら一分ほど行ってください。

一分間で、何回の深呼吸ができましたか？　三回から五回を目安にしてください。

ポイント③　次に、軽く目を閉じて、同じような呼吸法から、今度は、吐いた時に、胸の中心に意識を向けてみましょう。

ポイント④　吐ききったところで、ゆっくりと吸い始めますが、この時、胸の中心から、呼吸に準じて、額までゆっくりと意識を上げていきます。

ポイント⑤　また、吐いていく過程では、ゆっくりと胸の中心まで、呼吸に準じて、額から少しずつ、下方へ、意識を動かします。

次のイラストのように、やってみてください。

この連続的な、呼吸法プラス、額とハートへの意識の上げ下げ（往復）が、大きな鍵になります。

もし、瞑想中に、思考が働き、何かを考えていることに気づいたら、ゆっくりと吐きながら、胸の中心に意識を向けるようにしてください。

その時、気づくことがあります。

それは、意識を胸の中心に向けようと試みたとき、思考が働かない「間」が生まれます。この「間」が、次のステップへの入口です。

繰り返し、この瞑想法を続けていると、思考でいっぱいだった自分が、少しずつですが、思考している自分を意識的に観察することができるようになります。

この観察の意味は、その思考内容を判断や分析しているという意味ではありません。

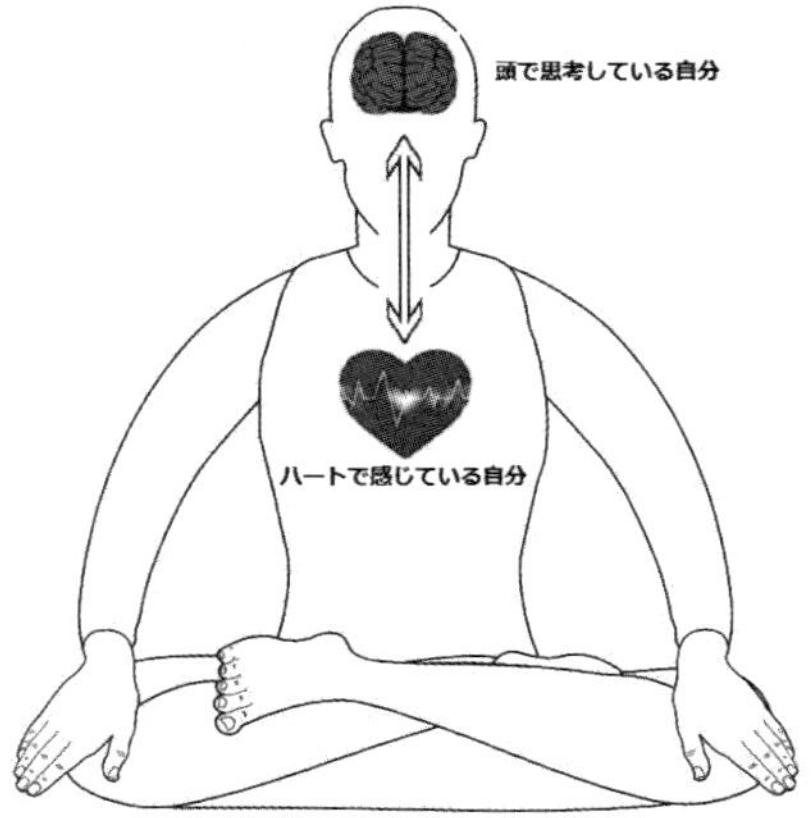

「ただ、漠然と感じている」という言い方が、最も相応しいと思います。

その漠然と何かを感じている瞬間が訪れる時、快や不快という極端な気持ちではなく、あたかもニュートラルな状態（＊センタリング状態）となり、良いイメージ作りができやすくなることを実感できるでしょう。

ぜひ、トライしてみてください。

＊センタリング状態とは、セラピューティックタッチの著者であるドロレス・クルーガー女史の表現した言葉で、ヒーラー（治療者）がヒーリー（患者様）に対して、ヒーリングを行う際に、ヒーラーの心が、右にも左にも偏らない中道（センター）にあることが、最も理想的であると教えています。この状態は、スピリチュアルヒーリングにおいては、宇宙、神、精霊の支配を受けやすく、その媒体として、ヒーリングが可能な状態のことです。

第九章

「愛や感謝、
喜びの心が、
なぜ自分を癒せるのか」

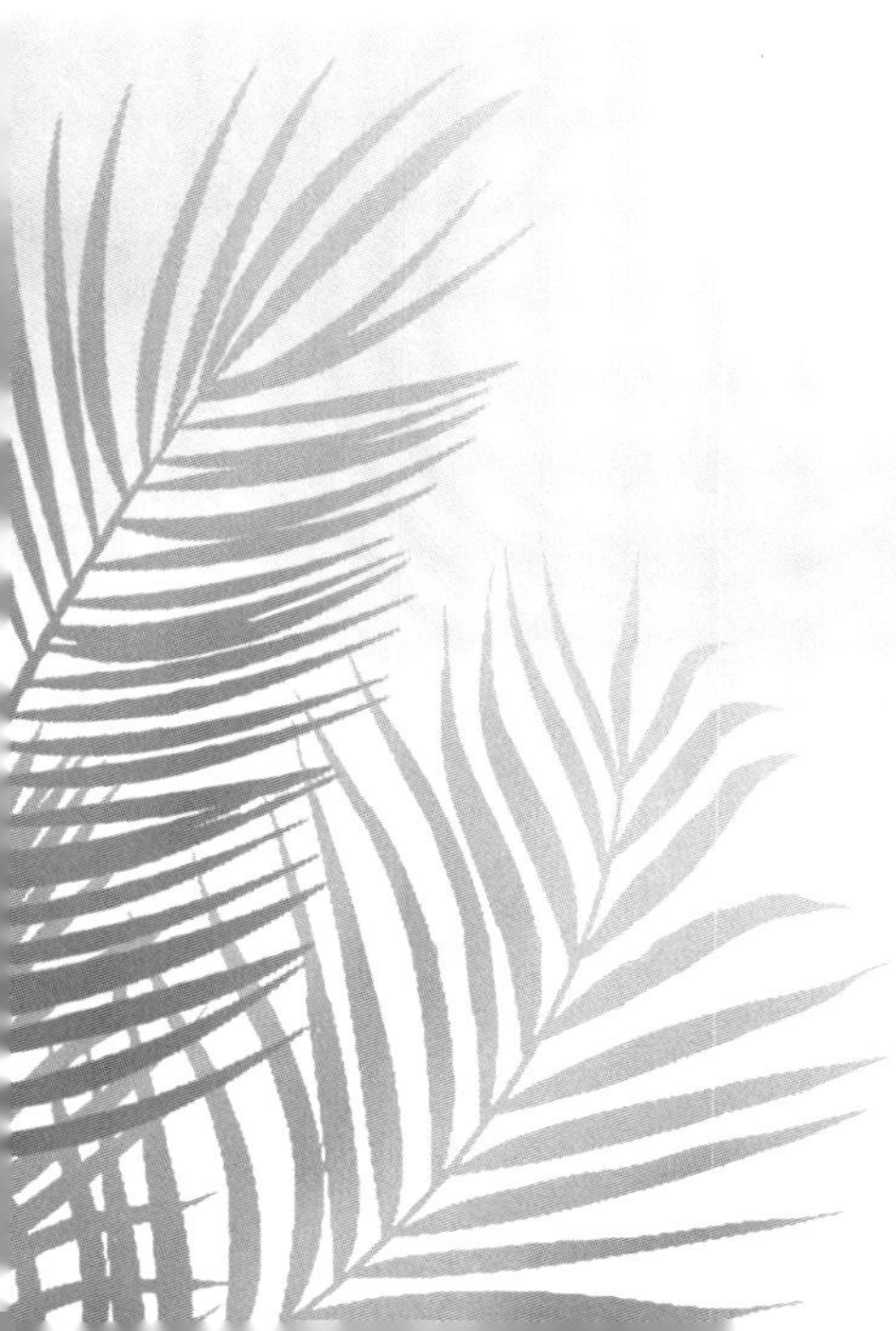

愛や感謝の気持ちを、感じれば感じるほど、あなたは癒される

祈りや瞑想を通して、愛や感謝、喜びの心が、どうやって病気の回復に影響するのか、とても気になるところです。

人が「瞑想」を取り入れて、愛や感謝、喜びの気持ちに満ち溢れた時、生理学的なメカニズムから、その人自らの体に良い変化が生まれることは、心身相関の観点から明白なことです。

映画ＨＥＡＬ「奇跡の治癒力」の中で、再三にわたり描写されていることは、恐怖、怒り、焦り、恨み等のマイナスな感情は、アドレナリン、コルチゾルという抗ストレスホルモンを分泌させることで、ストレスを回避しようとする体の自然反応が起こるということです。

短期的なものであれば良いですが、慢性的なストレス状態が続くと、免疫機能の働きを鈍くさせてしまいます。

それとは逆に、オキシトシンというホルモンがあります。

別名：愛情ホルモンとして有名ですが、このホルモンは、白血球を増加させて、免疫機能を向上させるので、極めてありがたい化学物質です。

名前のごとく、愛情や感謝の気持ちをもつことで、分泌されるホルモンですから、他人が自分を助けて、支えてくれると自覚したり、闘病中に誰かに助けられて、愛を感じることができれば、患者の体は、このホルモンにより、癒える方向に向くのです。周囲の人が、自分を愛していると信じれば、このオキシトシン反応が起こります。

映画の中では、「病気になると孤立しがちである」と言っていますが、病気に罹ったことで、自分を責めたり、人とのつながりを躊躇する傾向になると、やはりストレス状態に至り、抗ストレスホルモンの方が、優位に働いてしまう可能性があります。

映画の中で、エリザベスは、ステージ4を克服したことの理由として、一番よかったことは、自分が家族や友人に支えられたという**実感を持てたこと**だと言っています。

これは、言葉だけの感謝ではなく、感謝している〝その感覚〟を自覚していることです。

この自覚とは、〝ありがたい〟と思う時に**湧き上がる感覚**のことです。

〝こみ上げる〟という表現が、分かりやすいかもしれません。

感謝している〝その感覚〟を自覚できると、恐怖や怒り、焦り、恨みの気持ちは、自分の中に、同居することはできません。

両方の気持ちを、同時に湧き上がらせて、感じることはできないからです。

この時、体はオキシトシン反応が起こり、癒しの状態になります。

私たちは、常に〝何かを感じています〟

一見感じていないように思われますが、〝感じていないように感じている〟という表現が正しいのです。

湧き上がる感覚（こみ上げる感覚）が、快適な時と不快な時という極端な場合は、自覚することは容易ですが、九五％が無意識で過ごしているなら、殆どの時間、無意識で何かを感じていることになります。

大事なことは、どちらのエモーション（快・不快）においても、それが生まれる時を自覚する習慣を身につけることです。

自分は、いま、〝快〟であるか、〝不快〟であるか、そのどちらとも言えないのか。

どちらとも言えない〝普通の感覚〟は、良い方に分類してください。

これが、「心を内に向ける」ことであり、自分の感情が、どちらのスイッチに入っているかを意識化することが、ホリスティックワークによって達成することができるようになります。

これらのことについて、映画の終盤に、二人のスペシャリストが、極めて大切なコメントをしています。

「患者が病院にきて、医者から、がん等の診断を言われたとしましょう。この時、ほとんどの患者は、恐れや悲しみの感情になります。どんなに思考を働かせて、ポジティブになろうとしても無理です。〝病気を乗り切るぞ〟と言い聞かせても、不安や恐怖を感じていたら、どんなにポジティブな思考でも、脳から体には、そのメッセージは伝わらない。それは、体の感情状態と思考が一致してないからです。」

〜ジョー・ディスペンザ博士〜

これが、前述の自分の感情が、どちらのスイッチに入っているかで、生理学的な振る舞いが、異なることを説明しています。

単純に、プラス思考、ポジティブ思考と唱えても、無理があるのは、「いま、あなたが感じている内容(あなたしかわからない)が、どのようなものか」の一言に尽きるのです。
それは、ストレスの気分の感情状態なのか、それとも感謝や感動の気分の感情状態にあるのかです。

ホリスティックワークの習慣により、その人の感情状態を変換させて、感謝する気持ちを呼び起こすことができれば、体は、良い方向へ変化する可能性を秘めます。
だからこそ、ここで物事の受け止め方を変えて、今まで見てきた世界のイメージとは、異なる世界を作り出す必要性があるのです。

「なぜ感謝が必要か？　人は、何かをもらうと感謝します。感謝するイメージを見つけて、誠意をもって感謝すれば、体は、何かをもらっていると思い込みます。感謝する感情とは、すでに何かをもらうことが条件になります。」

〜ジョー・ディスペンザ博士〜

ここは、極めて大事なコメントです。

「何かをもらいたい」という希望的な感情ではなく、「既にもらっている」という結果的な感情でなくてはなりません。

「人は、その感謝の感情を感じれば感じるほど、病気であれば、それがあたかも回復した気持ちになります。そして、既に回復していることに感謝することで、体は、神経細胞を作り始めます。更に、脳の化学作用と接続することで、本当に、病気の回復に影響を与えます」

～グレッグ・ブレーデン～

体の中の指令物質と言われる神経伝達物質、化学作用を担うホルモン、ペプチド、酵素などの生理学的役割が明らかになってきた今日(すべてが明らかになっているわけではないが……)、心身の相関については、だいぶ説明がつくようになりました。

私たちにとって、生きていることとは、感情のTOGGLE（トグル）の連続です。トグルとは、ある同じ操作を繰り返すことで、機能や状態のON／OFFを切り替える仕組みのことです。

正に、快・不快という感情のトグルは、人生においては、避けられないのです。そして、どちらの感情状態を多く体験しているか、それが決め手になります。

先ずは、個々のトグルのスイッチが、どのようなタイミングで、切り替わるか、それを意識化すること（気づく、感じる、吟味する）というホリスティックワークというトレーニング法で、今までとは異なった感情状態にすることが可能です。

その新しいステージに、自分を導きましょう。

映画HEALの出演者（ジョー・ディスペンザ博士）と
平田（竹内）夫妻

第十章

「祈りや瞑想が、
どうやって他人を癒せるのか」

「信頼と感謝」の気持ちがあれば、すべてはつながる

次に、湧き上がる感謝の気持ちや、祈りや愛の気持ちが、自分を癒すなら、他人も癒すことができるのでしょうか？

ここからが、スピリチュアルヒーリングや、信仰療法の真実に触れる段階がやってきます。

例えば、誰か特定の知人の話をしていると、突然その人から連絡がきたり、ある人のことを考えていたら、町でバッタリと会うような経験はありませんか？

また、話をする前に、相手と同じことを考えていたということもあるはずです。

昔から、以心伝心は、単なる「不思議なこと」と言われていました。

このような不思議な事象も、量子物理学で、説明する時代になりました。

本来、私たちの脳は、外からの情報を五感で受け取り、神経系を通して、ドミノ式に伝達され、特定のホルモンが分泌することで、思考や感情が生まれて、必要に応じた生理学的な反応をすることが定説になっています。

しかし、脳科学の最先端では、脳のある部分が反応した時、別の部分が同時に反応していることが確認されました。(ペンローズ博士&ハメロフ博士)

それは、従来の伝達経路を介さない反応であり、「量子もつれ」と呼ばれています。

この「量子もつれ」という現象は、極めて不可解なことですが、素粒子レベルの動きになると、このような現象が起こっているという実験報告が多々あります。

従来の伝達経路を介さないで、物質AとBが同時に、同じような振る舞いをするという結果から、量子物理学の世界では、AとBは、物理的には、離れていても、意識とか波動というエネルギー的なレベルでは、繋がっていると解釈されています。

これを説明するには、宇宙の始まりの話をしなくてはなりません。
宇宙の初期には、あらゆる物質とエネルギーが、一か所に集まり、同じ波動と同じエネルギーを保っていました。それが、ビッグバンという爆発によりバラバラになりました。

それが何によって、何故起こされたのか、未だに不明ですが、このことを私たちは、宇宙の営みとか、神の御業等、人知を超えた現象として解釈しています。

昔から、「宇宙即我」という文言に代表されるように、ビッグバンからの成り立ちを見ると、今でこそ私たちは、別々の存在であっても、元々は一つであり、別れても、何か見えないエネルギーでつながっているということになります。

この見解を尊重すれば、大きなダイヤモンドの原石から、別れた物質(又は意識)は、大元の、ダイヤモンド原石に等しく、私たち自身も、磨き方の度合いによって、輝きの質に違いはあっても、本質的には変わらないという事になります。

そして、その意識や波動が、共鳴した時、それが他者であっても、同じような効果を導き出すことは、不思議ではありません。意識が同じと仮定すれば、以心伝心は当然の結果で、あらゆるものが一体という事になります。

なぜなら、私たちは、物質として、離れていても、大元は、同じ物質とエネルギーから構成されていたものだからです。

これが宇宙や神にどのようにつながり、スピリチュアルヒーリングや信仰療法にもたらす力となるのか。

それには、更なる考察が必要であり、生きる意味を学ぶことに関心を向けざるを得ません。

私が、フィリピンで体験した心霊治療の中でも、遠隔治療という方法がありました。

実際に、知人の会社の社長が、胃に潰瘍があり、悪性の可能性が極めて高いという宣告をされてしまい、大変に落ち込んでいました。

結局、フィリピンには、行くことができなかったのですが、現地から、数名のヒーラーと、私たちのツアーの一行が、集団で、日本にいるその人に、祈りを送りました。

帰国して、すぐに、ご本人から連絡をいただき、体調がすこぶる良くなったとのことで、病院に行くと、がんの疑いはなくなったと言われ、非常に喜んでおりました。

アメリカでは、東海岸（ニューヨーク）にいる患者に対して、西海岸（サンフランシスコ）にいるヒーラーが、遠隔治療を施して、どのくらいの効果があるか実験をしています。

患者本人が、自分が遠隔治療をしてもらっていることを知っている場合と、知らない場合を比較したところ、知らない場合でも、それなりの効果が見られました。

興味深いことは、患者が、自分が祈りや治療の対象になっていることを自覚する場合には、何倍もの効果があります。

更に、その施し対して、本人が自覚して、感謝の気持ちでいると、すでに説明の通り、ヒーリング効果は、絶大なものになります。

以上のことからも、祈りや瞑想、愛や感謝の心は、自分だけではなく、他人も癒すことができるのです。

映画の中のエリザベスは、ホリスティックヒーラー：ディアン・ポルシアと出会い、「信頼と感謝」という、極めて密度の高い「オキシトシン反応」を生み出すことができました。

このことは、私たちも、強く認識して、時には（特に病気のときには）、心から「ゆだねる」ことが、病気の治癒への手助けになるでしょう。

映画HEALの出演者（ブルース・リプトン博士・
グレッグ・ブレーデン氏）と平田（竹内）夫妻

第十一章

病気の寛解（Remission レミッション）の本当の意味は、Remember My Mission「自分の使命を忘れないで」

～アニータ・ムアジャーニ～

物ごとの受け止め方（意識の仕方）は、あなたのパーソナリティ

表題は、大変に印象深い映画の中のアニータ・ムアジャーニの言葉です。ガンの末期で、昏睡状態から目覚め、完全寛解に至ることができた彼女の話は、大変に説得力があります。

人は、健康な時には、健康の有り難みが分からないと、良く言われます。また、経済的な側面、人間関係や、人生が満たされていると、それが当たり前のように感じてしまうことも多いと思います。

もしかすると、修正のために、誰もが目覚めなくてはいけない時があるかもしれません。その目覚めである〝ウェイクアップコール〟が、経済的な破綻、家族や人間関係のトラブル、また、病気によるキッカケとして、おとずれる事が、その人の人生を大きく変えることがあります。

事の起きた時には、「何故、私の身に、この災いが振りかかるの？」と、何かを怨むこともあるかもしれません。

映画HEALの中で、強調されていることは、自分にとって不都合な出来事が起こった時、私たちは、そのことを「どのように受け止めたか」ということです。

その「受け止め方」によって、感情が変わり、思考が変わり、行動が変わったことで、状況も変わり、その試練を乗り超えることも出来ます。

人により異なる「受け止め方」とは、一体〝いつ生まれて〟きたのでしょうか。

また、〝どうやって生まれて〟きたのでしょうか。

このルーツを考えると、私たちの大元である「意識」にたどり着きます。

「意識」とは、いつ、どのようにして生まれたのか

「意識」とは、個性のある心とも表現されます。
人によって、意識の違いは、ある出来事に対する反応の違いを作り出します。

では、意識とは、どのようにして誕生したのか説明します。

生後から十二歳までの期間は、精神面に関して、大切な時期です。理由は、外側からの情報をほぼストレートに受け入れる時期だからです。私たち大人は、すでに物事の良し悪しの分別(正確にはその人の特有の分別ですが……)があります。

誰かが、自分の意とは異なったことを言っても、反論したり、無視したり、素直に受け入れないこともたくさんあります。

その中で、特に生後から12歳までの間は、脳波の変化に伴い、外側からの情報を徐々

にインプットして、自分というキャラクターを作る時期です。
言わば、パソコンのダウンロードと同じです。生まれたての赤ちゃんは、ソフトウェアの入っていないパソコン状態と似ています。その後、親や、周りの大人たちからどのような、環境を与えられるかにより、その子の基本的な性格が形成されます。

下のグラフは、次の説明を表したものです。

まず、〇歳から二歳までは、デルタ波という脳波状態で、大人であれば深い睡眠状態にある脳波レベルで最も低いものです。たとえ起きていても、ほとんど無意識の状態にあり、思考は働かずに、外界からの情報を判断することなく吸収してしまいます。

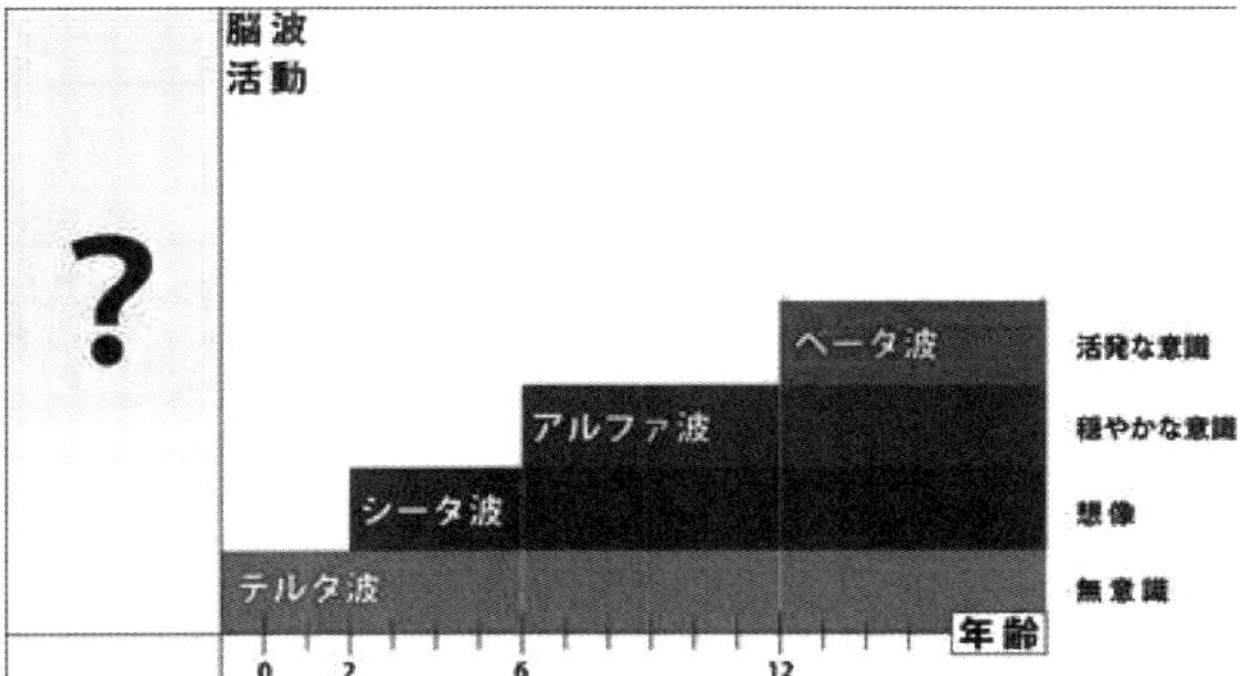

次に二歳～六歳前後は、シータ波という脳波状態で、その頃の子供は、トランス状態と同じであり、内面世界と繋がった想像的世界にいます。まだ、合理的な思考にはならず、言われたことをそのまま受け入れます。この時、周りからどのような情報をインプットされたかが、その後の性格に影響を及ぼします。

ここまでが「三つ子の魂百まで」の所以です。

五歳から八歳までの間に、アルファ波という脳波状態に移行します。そろそろ分析的な思考が加わりはじめ、外界の状況を判断するようになりますが、依然として、内面世界において、夢のような話を現実的にイメージすることが出来ます。

私の時代であれば、もっぱら鉄腕アトムや、鉄人二八号になりきって遊ぶことが出来る年頃です。

八歳から十二歳以降では、脳活動は高まり、ベータ波と呼ばれる領域に達します。この年代から大人になるまで、ベータ波は、高、中、低レベルに分けられて、意識的にも思考が先行し、潜在的な無意識状態との境界が生まれて、大人の領域に達していきます。

そこで、個々の「性格」や、心の癖ともいえる「物ごとの受け止め方」は、幼少期の意識状態(これら四段階の脳活動の領域で、特にデルタ波、シータ波、そしてアルファ波の状態)に対して、親、学校の先生、地域の人達が、どのような言葉をかけて、どのような態度を子供たちに見せているのかに影響されます。それが、その子の無意識状態のプログラムを作る鍵になります。

例えば「この子は、私と似て、運動神経が良くないね」とか、「うちは家系的に勉強が出来ない方だから……」と否定的な言葉をかけ続けていると、そのまま意識に染み込み、親から言われた言葉の通り、思い込むようになっていきます。

それが慢性的なれば、最悪です。

ここで、「この時期では、言葉の意味が分からないのでは……」という疑問を持つ人もいますが、言葉の意味より、むしろ言葉を発する側の意識をキャッチするという表現が正確なところです。言葉は、古来より「言霊」と言われます。

その逆に、肯定的な言葉をかけてあげれば、その言葉が意識に染み込みます。

このように幼少期においては、無意識な状態で、自分以外の第三者からプログラムをダウンロードしたことで、その後の人生においても、特定の出来事が目の前に現れると、そのプログラムに準じた反応をするようになります。

そのプログラムの良し悪しは、別にして、そのプログラムが稼働する度に、同じ反応から特定の「受け止め方」が生まれ、いつもと変わらない感情が生まれて、その感情に相応しい思考をするようになります。

この過程が、何度も、何度も繰り返されることで、確固たる意識を持つようになります。

これが、その人の「キャラ」、つまり性格になるということです。

そのようにして、考えると、人間であることイコール、五官があり、喜びも悲しみも感じられる世界だからこそ、意識の向上を目指す場所とも言えるわけです。

映画ＨＥＡＬに登場するブルース・リプトン博士の講義に参加した時に、「意識が、大事であれば意識だけで良いじゃないか、という人もいますが、肉体がなければ、チョコレートの甘さは、どうやって感じることができますか」と話されました。

意識は、大事です。しかし、肉体があるからこそ、磨かれる意識でもあることを知る必要性を、その時に感じました。

さらに、皆さんが、転生輪廻を信じているなら、「意識」とは、思考や感情を作り出す大元のことであり、永遠に変わらない「魂」「スピリット」のことなのです。

そうであれば、意識とは、転生輪廻の過程の中で、肉体をもった時の思考と感情によって、影響されるという事ができます。

１４５頁に記載の脳波を示すイラストの？マークは、それを意味しています。

私が言いたいことは、転生輪廻を肯定するなら、どの過去世においても、肉体をもって、喜びも悲しみも、感じていたなら、今、ここに（肉体をもっている時）意識向上の場があるのではないでしょうか。

これを、「現世こそ魂を磨く場」と言っています。

思考と感情の繰り返しが、意識のベースをつくっている

ここで、更に「意識」を分かりやすくするために、私は、基本になる〝スープ〟と表現したいと思います。

「意識」とは、「食」で言い代えるなら、出しのきいた〝スープ〟のことです。

私たちは個々が、異なる味のする〝スープ〟を持っているようなものです。

この意識の〝スープ〟は、その人の過去の思考と感情の繰り返しで作られました。

ですから、世界でたったひとつの味と言えるわけです。

そこに同じ種類の具材を入れても、完成品は、全く同じにはならないことは、お分かり頂けると思います。

仮に、目で見たもの、耳で聞いたものが同じであっても、五官を通して、感覚的に体験させられる外からの情報が、意識の〝スープ〟と混ざり、生み出された思考と感情が

確認できた時、私たちは、人の「受け止め方」の違いを感じるのです。

体験する出来事　↓　**受け止め方**　↓　感情　↓　思考　↓　言動となる

これは、意識が良いとか、悪いとかではなく、受け止め方の違いがあることが、意識の違いになるということです。つまり、「意識パターン」が千差万別であるということです。

ここまでの話をすると、今更のように自分の悪い意識について、どうしようもないのか、と考える人もいます。

ちょっと待ってください。

いま、ある特定の意識を悪いと思っている一方で、同じ意識が、良いと感じることもあるはずです。

自分には、欠点にしか見えなくても、他人からは違うかも知れません。

何が言いたいかというと、意識についての良し悪しとは、TPO（時、場所、目的）によって変わることなのです。

言い代えれば、人の性格は、結果が良ければ「長所」と呼ばれ、結果が悪ければ「短所」と呼ばれているだけです。意識の良し悪しとは、三次元的な結果論でしかないのです。

すぐにカッとくる人は、損な時もありますが、そうでない人に比べて、爆発的な瞬発力で、何かを成し遂げることもあります。

その逆に、冷静、沈着で、怒りをすぐに表に現さない人もいますが、考え過ぎでストレスを溜めたり、「考えてばかりいないで、行動しない」という言葉を浴びることもあります。

前述の通り、私たちの一日が、九五％の潜在意識で行動しているが故に、其々の意識が出来事に対して、自動操縦のごとく反応するため（受け止めるため）に、感情と思考が、良い時と悪い時に分類されるのです。

その場で、すぐに出来なくても、例えば、「ここでこの受け止め方をしていると、まずいぞ」と、第三者的に、意識化することができると、心境の変化が生まれる可能性があります。

このために、ホリスティックワークのトレーニングが、欠かせないのです。

人は、「受け止め方」によって、生理学的にも、精神学的にも、良い方向に向かう可能性があるということを、様々な局面から示唆してきました。

その結果が、個々の現実の世界（物質世界）を創造させていると言っても過言ではありません。

それでも、「受け止め方を変えただけで、状況など変わるはずがない」と思われる方もいます。そのように自分が思えば、何ひとつ変わらないでしょう。

「変わる」と思えるのも、思えないのもの、どちらの選択も、間違いではなく、真実です。

いずれにしても、私たちの心が、どちらかの選択の中で生きなければなりません。

意識をもって、あなたの使命を見つけましょう

病気の治癒の過程にあることを、Ｒｅｍｉｓｓｉｏｎ（寛解）レミッションと言います。

映画のクライマックスで、アニータ・ムアジャーニは、素晴らしいコメントをしています。

寛解期にある人に、次なるメッセージを送ります。

病気の寛解（Remission：レミッション）の本当の意味は、

Remember My Mission ～自分の使命を忘れないで～

その真意は、自分が受けたあらゆる試練と感じる出来事（病気、事故等）は、自分がこの人生でやるべきこと（使命）、気づくべきことを思い出させるためのウェイクアップコールだと……

やるべきことの意味には、必ずしも何かの活動のように外側に向けてのことに限らず、内側（心）の世界観が変わることの意味が、大きくあることを補足していました。

皆さんのMission（使命）とは、何があるのでしょうか？

映画ＨＥＡＬ「奇跡の治癒力」をご覧いただき、「一〇〇％の道ではなく、ただ一〇〇％に近づく可能性のある道がある。だからその道の根拠を学び、歩き出す選択も、人生にとって良いことかも知れない」と思って頂ければ、この映画の目的が達せられることでしょう。

MIND
BODY

第十二章

生と死を超える、
ホリスティックヒーリング（全人的治癒）
の真髄

「治癒」とは、治まっている（おさまっている）状態にあること

皆さんにとって、「治癒」という概念は、一体何を基準にしていますか。

それは、医師からの言葉ですか、それとも、検査結果という数字でしょうか。

そのような権威ある第三者からの通達や、検査数値ではなく、むしろ「自分は、具合が良い」という身体の感覚的なものでしょうか。


いずれの場合でも、何をもって「治癒した」と言い切れるのでしょうか。

「喉もと過ぎれば、熱さ忘れる」という諺（ことわざ）の通り、私たちは、完全寛解という言葉をもって、自分は元に戻ったと思ってしまいます。

そして、殆どの人は、元の生活に戻っていきます。


もし、過去の食生活や、考え方、大げさに言えば、生き方に、病気に罹った原因があったとしたら、元の生活に戻ることは、再び、病気に罹るリスクがあるということ

になります。

本来、私たち人間は、常にプロセスという過程の中に生きていることを自覚しなくてはなりません。生物学的にも、生理学的に見ても、それは明白であり、日々の経過とともに、細胞が、不具合を起こすこともあれば、肉体的な老化も止めることはできません。

大げさに言えば、昨日の私と、今日の私は、生化学的には、違う人ということになります。

なぜなら、私たちの体は、入ってくる栄養素（食事）、思考や感情により、様々な化学反応を起こし、常にダイナミックに変化しているからです。

あたかも人生と同じように、常に同じ状態では、いられないのです

そうであれば、「治った（なおった）」という概念は、むしろ「治まった（おさまった）」

という解釈の方が、適切だと思います。

生活習慣を変えて、食事、運動、睡眠に気を配り、精神面についても気にかけることが習慣化された時、細胞にとって、適切な状態になることで、病気は治まる(おさまる)のです。

このような心と体の両面を重んじ、そのバランスを美として、生活することが、昔から言われている「養生」のことです。

そして、「養生」とは、「ホリスティックに生きること」であると解釈できます。

作家の五木寛之さんが、「養生」について次のように言っています。

「明日死ぬと分かっていてもするのが養生である」

Well Being(ウェルビーイング)という言葉の通り、良い状態が、現在進行形でなくてはなりません。

そのためには、かえって完全寛解や完全治癒にこだわるのではなく、むしろウェルビーイングを目指して、常に「治まっている状態」を目標とすべきではないでしょうか。

そうすれば、一喜一憂することなく、良い時もあれば、悪い時もあるので、人間とは常にプロセス（過程）であるということが、理にかなっていることも理解することができます。

ホリスティックヒーリング（全人的治癒）は、心に平安をもたらすもの

さて、人は、なぜ病気に苦しむのでしょうか。

いま感じている痛みや不調について考えてみましょう。

肉体的な痛みや、何かしら具合の悪い状態は、神経系を通して、感じています。

しかし、本当のところ、痛んでいるのは、体ではなくて心です？？？

その根拠は、鎮痛剤や、その他の良く効く薬により、症状が治まれば、苦痛は無くなります。そのような事実から、肉体的な痛みであっても、心の苦しみが倍増すれば、痛みを余計に感じることになります。

ましては、生死を考えさせられるような疾患については、死というものを意識せざるを得ません。死後の世界が未知の世界なので、不安や恐怖心が、倍増することになります。

これは、不安と恐怖心という想像の世界、プラス肉体的痛みのダブルストレスです。このストレスを克服するには、本当のところ、生死の見方を変える必要がありそうです。

本文中に、「メメントモリ」という言葉が出てきました。

この言葉は、「自分が（いつか）必ず死ぬことを忘れるな」ということでした。

この世で、一〇〇%確実なことが、人は、遅かれ早かれ、いつかは死ぬということです。

ただ、どのように死ぬかということが、最も気がかりで、映画ＨＥＡＬ「奇跡の治癒力」の中でも、印象深いコメントが、たくさん出てきました。

がんのステージ４の診断を受けたエリザベスが、最初に、ホリスティックヒーラーに連絡した理由は、「死んだときに恐れない心をつくるため……いつも死ぬのが怖かったから……」とコメントしています。

彼女は、病気の治療よりも、「心の持ちよう」を変えようと、努力しました。

また、本文中でふれた、上映会の打ち上げの折に、自分のがん闘病の体験をお話しくださった女性も、「心の持ちよう」を変えたという共通の意識状態がありました。

どちらも、死を意識した時に、病気の体よりも、「心に平安をもたらす」という、内面的なことを、模索しています。

このことは、私が、体験したフィリピンのヒーリングセンターに訪れる末期がんの方や、今の仕事を通して、お会いした方々（病気を克服された方）の死生観の中にも、全く同じ考え方を心掛けていたことが思い出されます。

普通は、いま、病気に苦しんでいるなら、「病気が治れば、心に平安をもたらす」と誰もが思い、それを願うことが、世の常です。

しかし、この人たちは、全く、真逆の発想であり、「心に平安をもたらしたから、病気が治った」と言っているのです。

人は、黙っていると、マイナスの方向にトグルします。（スイッチが入ります）「それでは、ダメですよ」と、言えば、「あまりの苦しさに、良いことなんて考えられない」と、言うことでしょう。

それも分かりますが、「心がすべての始まり」ということを信じるなら、何とかして、

「平安をもたらす」意識状態をキープする努力をしたいものです。

私たちの多くは、体を鍛えるためにジムにいって、トレーニングはしても、瞑想や、ホリスティックワークのような心のトレーニングをする習慣がありません。

ここに気づく必要があると思います。このホリスティックワークが、極めて大切なのです。

なぜなら、誰もが例外なく、自分の心の状態が、すべてに影響していることを知っています。体が辛いという症状でも、明日死ぬという究極の状態でさえも、心が平安であれば、すべては解決されることを知っています。

映画の最後のコメントで、ディーパック・チョプラ博士は、「死は、経験としておとずれ、あなた自身が変わるわけではない」とコメントしました。

心のベースとなる意識(魂)が、永遠に不滅であると言っている、大変深い言葉です。

心の探求をすることは、私たち自身を探求することです。

今、生きている自分が、心と体の両方の存在を兼ね備えているということは、正に、心が司令塔であり、体と呼ばれる細胞の集まりが、心に従うと言っても、過言ではありません。

そして、私たちの日々の感情状態とは、快、又は不快、どちらとも言えない普通の状態のどこかにいます。

それを認知して、不快でない状態の時に、「すべては心から始まる」ということを言い聞かせることで、少しずつ変化が訪れるでしょう。

映画ＨＥＡＬ「奇跡の治癒力」の日本上映会を通して、少しでも多くの日本の方々に何かを感じていただければ幸いです。

最後まで、お読みいただきまして、ありがとうございました。

あとがき

２０１０年から開講したホリスティックカレッジ・オブ・ジャパンでは、食を通して、心と体の健康管理の大切さを伝えられる方々の育成を目指して参りました。

心の選択が、毎日の食事（栄養素の獲得）に影響しているという情報は、ご自身だけでなく、ご家族、大切に思う人に、幅広く役立ちます。

冒頭（はじめに）でも申し上げた通り、本当の健康とは、「物心両面の調和」に起因することでなくてはなりません。

それは、映画ＨＥＡＬ「奇跡の治癒力」の中でも描写されていることで、欧米では、多くの方々が、生きるための指針として、受け入れているホリスティック教育概念でもあります。

そのホリスティック教育概念を、一般の方々にも共有して頂きたく、２０１８年春、

一般財団法人　平田ホリスティック教育財団を設立する運びになりました。

また、同財団設立にあたり、ご協力いただきました丸元康生様、佐久間一穂様、森章様には、大変感謝申し上げます。

そして、日々スピードと変化の絶えない活動を補佐してくれるファミリー、スタッフの人たちにも、この場を借りて、お礼申し上げます。

最後になりますが、同財団の設立を機に、ホリスティックというキーワードの元、同じ志を持たれる方々にご協賛いただきながら、映画上映会、セミナー、ホリスティックワークショップ等のイベントを、全国津々浦々で、開催できるよう鋭意努力する所存です。

「ホリスティックに生きよう」を合言葉として、ご縁のある方と共に、精進できれば、この上ない喜びです。

平田ホリスティック教育財団　理事長
ホリスティックカレッジ・オブ・ジャパン　校長
平田（竹内）進一郎

【お問い合わせ・ご連絡先】

平田ホリスティック教育財団　https://www.h-hef.org/home
ホリスティックカレッジ・オブ・ジャパン　https://www.holisticcollege.jp/
〒211-0051　神奈川県川崎市中原区宮内二-十二-十三
電話：044（820）6895　FAX：044-741-3484

平田（竹内）進一郎（ひらた（たけうち）しんいちろう）

平田ホリスティック教育財団　理事長
ホリスティックカレッジ・オブ・ジャパン校長

1960年、東京都生まれ。米国ペパーダイン大学にて、国際ビジネス学専攻。
帰国後、貿易業務に長年携わるが、海外渡航が多く、ストレスと激務で体調を崩し、瞑想法、自律訓練法の教義と栄養療法により回復する。これを機に、心と体の相関性に興味を抱き、ホリスティック栄養学の知識を深めるため米国AIHTへ再入学、同校で修士、博士号取得。2003年から、米国トランスフォーメーション酵素栄養療法クリニック日本支部の代表を務める。2010年、米国Nutrition Therapy Instituteの日本提携校「ホリスティックカレッジ・オブ・ジャパン」を設立し、同校の校長に就任する。2018年、一般財団法人　平田ホリスティック教育財団設立。同理事長を兼任し、映画HEAL「奇跡の治癒力」（2017年米国制作）の字幕監修、並びに日本上映会を開催して、現在至る。

著書に『いま、栄養学が変わる　健康に、自分らしさを活かす「ホリスティック栄養学」』（現代書林）、監訳書に『スーパー酵素医療』（グスコー出版）、『病気を癒し、老化を防ぐ酵素の治癒力』（現代書林）、『生命活力と健康のための生物学的ポジショニングシステム（B. P. S）酵素・栄養生化学：世界中から受けた代表的な70の質問に答える』などがある。
また、自ら制作総指揮を執った映画『THE　CHOICE～生きるための選択～』の上映会を全国各地で開催、好評を博した。

ホリスティックヒーリング　～最強の治療法は　あなたの中にある～

2018年９月１日　発行

著　者　平田（竹内）進一郎
作成者　平田ホリスティック教育財団
発行所　ブックウェイ
〒670-0933　姫路市平野町62
TEL.079（222）5372　FAX.079（244）1482
https://bookway.jp
印刷所　小野高速印刷株式会社

ISBN978-4-86584-348-4